長崎偉人伝

トーマス・ブレーク・グラバー

T・B・グラバー

ブライアン・バークガフニ

はじめに

世界有数の天然港として知られる長崎。海上の長い迷路にたとえられる細く深い入江が東シナ海へと通じる。港の入口には、小さな島々が点在し、入港する人たちの心をなごませる。港周辺は、世界に名だたる三菱長崎造船所やそのほかの造船施設が大部分を占める。

長崎の街は、周囲の山々に手の平ですくわれるような形で広がり、山腹を駈け上がるようにつづく住宅と階段が、古代ローマ時代の巨大な円形演技場の階段席を連想させる。

大陸に近い日本列島最西端の港である長崎港は、何世紀にもわたって世界への窓口としての役割を果たしてきた。現在、日本のほかの地方都市と、一見何ら変わるところもないようだが、その凡庸な姿の陰には多彩な歴史が隠されている。

街中心部から少し離れた港の南側には、南山手として知られる山腹の住宅地が港を見おろす。かつてこのあたりは、隣接する大浦川周辺の平坦地、さらに東山手と呼ばれる向かい側の山腹の住宅地、出島や新地中華街と相俟って、華やかな外国人居留地を形成していた。

現在、南山手の大部分を占めるのは広大な観光施設「グラバー園」である。毎年数多くの旅行者がここを訪れ、長崎港のパノラマや豊かな緑、さらに十九世紀に西洋人が建て、現在長崎市によって保存されている洋風住宅が醸し出す異国情緒を満喫している。

グラバー園の中枢となるのは、コロニアル風の木造バンガロー式住宅「旧グラバー住宅」である。山腹のもっとも風光明媚な位置に威風堂々と建っている。入口の案内板が示す通り、同住宅は日本最古の洋風建築であり、元の所有者でスコットランド人商人のトーマス・ブレイク・グラバー（Thomas Blake Glover）は、半世紀以上におよぶ日本滞在のあと、明治建国の功労者として讃えられ、日本の叙勲者となりこの世を去った。その後、この住宅は、日本人女性との間に生まれた長男の倉場富三郎が妻ともども相続し、太平洋戦争が長崎に暗い影を落とすまでここに居を構えた。

旧グラバー住宅は、日本に発展の槌音が聞こえる期待と自信に満ちた時代を象徴しているかのようだ。しかし、一歩足を踏み入れると、その屋内は悲哀と荒廃の不思議

空からみたグラバー住宅全景

な空気に包まれ、人の世のはかなさを感じさせる。彫刻を施したマントルピース、タイル張りの暖炉、また分厚い漆喰の壁が人語を解し、すべてを語りはじめたとしたら、どのような物語が聞けるのだろうか——。

もくじ

第一章

生い立ちと日本への来航

産業革命の発祥地、スコットランド

スコットランドは、北西ヨーロッパに位置するグレートブリテンおよび北アイルランド連合王国（通常は「英国」または「イギリス」）を構成する地域のひとつである。イングランドの北に位置するスコットランドは、日本の北海道本土に匹敵する面積約七十八平方キロメートルを有し、山の多い地形が外敵の侵入をこばみ、ケルト民族の影響が強く残る独自の文化を育んできた。

日本の江戸中期に当たる１７０７年、スコットランドは、教会の独立、法律と教育システムの自由のみを残し、主権と議会や貨幣鋳造権をイングランドに譲渡した。しかし、経済的にはイングランド航海法による制約が取り払われたため、十八世紀の知的復興が起こり、スコットランドは産業革命を先導する役割を果たしていく。

その後、スコットランドは哲学者デイヴィッド・ヒューム、建築家ジェイムズ・クレイグ、土木技師トマス・テルフォード、詩人ロバート・バーンズ、法学者フランシス・ジェフリーなど、当時の世界を代表する知識人を輩出する。蒸気機関の実用化に成功したジェームズ・ワット、蒸気機関車発明のスティーブンソン親子、土木工学のウィリアム・フェアバーン卿、蒸気力ハンマーの発明者ジェームズ・ネイスミス、地質学の父ジェームズ・ハットン、石油精製工業の創始者ジェームズ・ヤングや電話の発明者アレクサンダー・G・ベルなども皆スコットランド人である。

なお、原子物理学の父アーネスト・ラザフォード、地震学の父ジョン・ミルン（日本の東京帝国大の雇われ教授として来日、日本地震学会を創設）、発明王トーマス・エジソンもスコットランド移民の血を引いている。

スコットランド移民の成功は、特筆すべきものであると多くの学者が指摘する。『スコットランドの功績と価値』の著者チャールス・W・トムソンは、「スコットランド人の民族的特徴を多くの混成的生成と特徴づけ、彼らは勇気があり、不利な資源環境にありながらも国境意識から生じる詩的・ロマンティックな想像力と強壮な度胸を持ち、ハイランド人に象徴される理論的把握・知的論理性と商業・産業的才能のある人々」という[1]。

スコットランド移民の歴史に関する研究を発表したG・ドナルドソンも、「スコットランド最大の輸出品は、母国全域から世界全地域に出かけていったスコットランド人である」と述べている[2]。

ジャーディン・マセソン商会の誕生と飛躍

東アジアへ出かけたスコットランド人先駆者のなかに、その後の中国と日本に特に強い影響を及ぼす二人がいた。イギリス東インド会社の元船医で貿易商人のウィリアム・ジャーディン（William Jardine）と実業家のジェームス・マセソン（James Matheson）である。１８３２年、二人は中国の広州（沙面島）に貿易商社ジャーディン・マセソン商会を設立した。広州は、清代半ばの１７５７年から対外開放されており、欧米諸国に唯一開かれた貿易港であった。

設立当初のおもな業務は、インド産のアヘンの輸入と茶葉のイギリスへの輸出。ジャーディン・マセソン商会はアヘンに手を染めていただけに、清国とイギリスとの間で１８４０年から２年間にわたって勃発したアヘン戦争に深く関わっている。アヘンの輸入を規制しようとする清朝政府とイギリスの争いが起こった際に、同商会の熱心な政治活動により、イギリス本国の国会は九票という僅差で軍の派遣を決定したという。

アヘン戦争におけるイギリスの圧倒的な勝利により、清国は香港島の割譲や広州、福州、廈門、寧波、上海の５港の開港に同意せざるを得なかった。１８４１年、ジャーディン・マセソン商会は南京条約の正式な調印を待たず、本社を香港に移転した。さらに、1844年には中国での拠点を上海共同租界の外灘《わいたん》（海岸通り）一号に移し、貿易活動にもっとも有益な場所を確保して広範にわたる商業活動を開始した。

トーマス・グラバーの幼少期と家族

トーマス・ブレイク・グラバーの父、トーマス・ベリー・グラバー（Thomas Berry Glover）は、イングランドで生まれ育ち、沿岸警備隊に勤務するイギリス海軍大尉であった。一方、生粋のスコットランド人である母メアリー・フィンドレー（Mary Findlay）は、アバディーン州の北海沿岸の小漁村サンデンドの出身。1829年に結婚して所帯を構えたとき、父トーマスはサンデンドの沿岸警備隊司令官の任務についており、密輸の防止や難破船の救助といった仕事を指揮する立場であった。サンデンドの地で、長男チャールズ（1830年）、次男ウィリアム（1832年）、三男ジェイムズ（1833年）の三人が誕生している。

1835年、グラバー家は北海の凍てつく荒海に面する小漁村フレイザーバラに移転。アバディーンから北へ七十五キロメートルのフレイザーバラは、アバディーン地

トーマス・ベリー・グラバー（右）とメアリー・フィンドレー・グラバー
1875年、アバディーンにて（長崎歴史文化博物館蔵）

方特産の御影石で作られた建物が立ち並び、貝類や白身魚の漁港として栄えてきた元城下町である。十六世紀はじめに整備された港には南北二つの桟橋があり、とくに夏季のニシン漁の季節には人口が増加し、町もにぎわったという。ここでさらに、四男ヘンリー（１８３６年）、五男トーマス（１８３８年６月６日）、六男アレキサンダー（１８４０年）、さらに長女マーサ（１８４２年）の四人が生まれた。

　ヘンリーは１８３７年３月、満一歳の誕生日をまえにして夭逝した。ヘンリーの墓碑はいまもフレイザーバラ共同墓地に人知れずたたずんでいる。その後、一家がアバディーンに移転してから、七男

ブリッグ・オ・バルゴーニー橋を描いた19世紀の銅版画（著者蔵）

現在のフレイザーバラ市コーマス・ストリート。角の建物は、「グラバー＆コンパニー」と名乗るフィッシュ・アンド・チップスの店が入居している。トーマス・グラバーが少年時代を過ごした住宅は隣奥にあったが、第二次世界大戦中の空襲によって破壊され、現在は空き地になっている（Google Street View）

アルフレッド（1850年）が誕生した。グラバー兄弟のうち、トーマス・グラバーにつづいて、兄のジェイムズ、アレキサンダーとアルフレッドの二人の弟、さらに妹のマーサも、のちに来日することになる。アバディーンで「グラバー兄弟会社」を創設した長兄チャールズもふくめて、グラバー兄弟はまさにスコットランドと日本をむすぶ架け橋であった。

フレイザーバラのグラバー家は、コマース・ストリート15番地に居を構えた。コマース・ストリートは、丘から港にむかってなだらかにくだる坂道で、南北に横切る中心街フロート・ストリートと交差する。1841年の国勢調査によると、この地に住んでいたのは、トーマス・ベリー・グラバーと妻メアリーを始め、ウィリアム、ジェイムズ、トーマス、アレキサンダーの四人の子供のほかに、父方の叔母にあたるマーサ・グラバーと母方の祖母アン・フィンドレー、さらに三人の使用人をあわせて計十一人であった。裕福な暮らしぶりがうかがえる。

1850年、トーマスが十二歳のとき、家族はフレイザーバラからアバディーン郊外へ移住した。父親はドン川河口の沿岸警備隊司令官の職に就き、家族は沿岸警備隊の官舎に入居。警備隊付近一帯は近くの川にかかる石橋「ブリッグ・オ・バルゴーニー」

にちなんで「ブリッジ・オブ・ドン」と呼ばれる。トーマス・ベリー・グラバーにとって、これが生涯最後の任務となった。

1851年の国勢調査から、グラバー家の様子が浮き彫りになる。当時二十一歳だった長男チャールズが実家住まいの会社事務員であったと記されている。当時、彼はアバディーンの海運業と保険業の仲介業務をおこなう会社で研修中の身であったと思われる。十八歳の次男ウィリアムはすでに家を離れて、船長になるための伝統的な海上訓練に専念していた。当時十七歳で、単に会社事務員と記載されている三男のジェームズも、チャールズ同様にアバディーンで海運関係の仕事に従事していたようだ。国勢調査が実施された当時、下の弟妹トーマス、アレキサンダーとマーサは年長から順番に十三歳、十一歳、九歳で、全員が「学童」と記載されている。

ブリッグ・オ・バルゴーニー橋を渡り、中世の建造物である聖マカー大聖堂を経由して、旧アバディーン中心部までの約三キロメートル道程は、景観豊かな恰好の散歩道となる。聖マカー大聖堂は、アバディーンの歴史において中心的役割をもつ。伝説によると聖マカーは、スコットランド北東部の、川が牧羊者の杖の形のように湾曲する地点に聖堂を建てよ、という神の啓示を受けた。その周囲にできた小村落が発展に

1890 年のアバディーン市内。左の建物はパラス・ホテル

アバディーンの港。1875 年（アバディーン市立図書館所蔵）

トーマス・グラバーが入学したアバディーンのキングズカレッジ（著者蔵）

発展を重ね、スコットランド最大の漁業と造船の地アバディーン誕生の礎石となった。

アバディーンの造船所では、イギリスの各港とアジアを結び、中国茶その他の商品の輸送に活躍した快速帆船「ティークリッパー」やイギリス最初の蒸気船などが建造された。多感な少年時代、トーマス・グラバーは進水したこれらの船が、はるか東アジアの港へ向けて出港し、沈む夕陽とともに水平線の彼方へ消えて行くのを見送っていた。

父トーマスは休日、優美な船体に仕上げが施されている最新型の茶輸送快速船が停泊する港へ息子たちを連れていった。かもめの鳴き声とハンマーやのこぎりの音が反響するなかで、船大工たちが口にするスコットランドなまりの「シャンハイ」、「カントン」という異国風の地名が幼いトーマスの想像力を駆り立て、その後の華やかな人生のきっかけとなった。

グラバーの豊富な知識を育んだのは、アバディーンのキングズカレッジ付属ギムナジウム（大学予備教育機関）での、その当時の裕福な家庭の子息が受けた伝統的教育に他ならない。キングズカレッジは１４９４年に創設され、ギムナジウムはアバディーンでもっとも伝統的な名声高い学校のひとつであった。当時のギムナジウムの石造りの建物が、現在もアバディーン大学植物学部の一部として使用されている。

著名な詩人ジョージ・ゴードン・バイロン卿も十八世紀末、少年のころにアバディーンの学校に籍を置いた。アバディーン州田園地帯のゆるやかな起伏が織りなす優美さ、荒れ狂う北海、歴史に包まれた町、そして古色を帯びるブリッグ・オ・バルゴーニー橋がバイロンの空想的創作力とこの上ない放浪癖を掻き立てた。同じアバディーンへの風景を見ながらギムナジウムに通学していたトーマス・グラバーも、多大な感化をうけたに違いない。

日英和親条約と日本開国

トーマス・グラバーがスコットランドの故郷に別れを告げ、海外へと旅立った経緯、また安政六（1859）年の来日を決意させた状況に関してはほとんど知られていない。ギムナジウム卒業後、彼は兄たちと同じように、アバディーンで会社事務員として働くようになり、急速に拡大するサービス産業に携わったと思われる。しかし、来日する三年前の1856年、十八歳のグラバーが巣立ちしたようだ。イギリス外務省の資料によると、同年八月十四日に「トーマス・グラバー」にパスポートが発行されており、この前後数年の記録には「トーマス・グラバー」という名前はないので、おそらくこれがグラバーであろう[3]。

当時、多くのスコットランド人は一攫千金の夢を追って北米や東アジアなど、世界各地へ飛び出していた。若者たちの間で冒険熱が高まっていた事実から、グラバーが海外へ渡航する経緯の一端を垣間見ることはできる。とくにアバディーンは、アジア貿易と密接に結びついた重要な造船業の中心地であった。海軍将校を父に持ち、北海に面した海辺の町に住んでいたグラバー兄弟が、大海原に魅せられ東洋への旅を夢見ても不思議ではない。

日本とイギリスとの交流は、平戸におけるイギリス東インド会社の商館が元和九（1623）年に閉鎖して以来、ほぼ完全に途絶えていた。しかし、嘉永七（1854）年夏、イギリスのジェームズ・スターリング（James Stirling）提督率いる四隻の軍艦から成る艦隊が長崎港に来航し、同年三月に結ばれていた日米和親条約に匹敵する日英間の条約締結を長崎奉行に要求した。徳川幕府からの正式な回答を受け取るために数週間待たされたが、スターリング提督と長崎奉行水野筑後守《ちくごのかみ》と目付、永井岩之丞《がんのすけ》は、同年十月十四日（旧暦八月二十三日）に、長崎奉行所において日英和親条約に調印した。同条約には、交易や外国人の居住についての規定はなかったが、安政五（1858）年、鎖国政策をこれ以上維持できないと覚った幕府は、アメリカ、イギリス、オランダ、ロシア、およびフランスとの間、総じて「安政五カ国条約」と呼ばれる歴史的な修好通商条約に調印した。

日英修好通商条約調印のために上海から長崎へ来航したジェームズ・ブルース（James Bruce）第八代エルギン伯爵は、日記につぎのように述べている。

〈先月七月三十一日に長崎へ向け航海し、（八月）三日ごろ港に錨を下ろした。長

18 世紀初期の銅版画。江戸時代の出島と長崎港が見える。左側にある人工の島、新地には倉庫が軒を並べている。中国船やオランダ船も港に錨を降ろしている。長崎居留地は後に、左の沿岸と丘陵地に開設される（著者蔵）

崎の街が近づくにつれ心が躍動するほど印象的な風景だった。沖合に浮かぶように見え隠れする岩っぽい島々。日差しに輝く一連の丘のふもとには、草木の茂みの間に小川が流れ、景色の移り変わりが街の中心へと案内してくれる。この街は長い年月、外国人が神秘の国日本を一目見ることが唯一許可された場所だ[4]〉

安政五（1858）年八月三日、エルギン伯爵を乗せた旗艦フュリアス号が長崎に到着した。翌日、二隻の随伴艦とビクトリア女王から日本の天皇に贈呈される予定のヨット「エンペラー号」も入港。エルギン伯爵は上陸しなかったが、長崎奉行を旗艦フュリアス号の昼食に招待し、エンペラー号にも案内してその設備および天皇に献上したいという意向について説明した。その後、イギリス人一行は江戸に出向き、徳川幕府の代表と条約の最終確認をすることを決めた。同年八月二十六日（旧暦七月十八日）に日英修好通商条約が結ばれ、エルギン伯爵はエンペラー号を徳川幕府の代表に引き渡した。日本とイギリスの新しい交流の時代の始まりであった。

トーマス・グラバーが長崎に着く

安政五（1858）年、外国貿易での長崎の独占権はついに終局をむかえる。安政五カ国条約に基づき、徳川幕府は翌年七月一日を以って神奈川（後の横浜）、函館、長崎の各港を正式に開港することとなった。幕府と外国勢力が締結していた当初の和親条約には、交易や外国人の居住についての規定はなかったが、安政五カ国条約には、次を含む明確な規定が盛り込まれた。

外交官の相互派遣、国際的管理による低い固定輸出入関税、外国貿易港として数港の開港、外国人居住者の永代借地権、治外法権と自治権の堅持、各条約港における外国人専用居住区（居留地）の設立などである[5]。この条約は、その十数年前にイギリスと清国政府の間に結ばれた「上海土地章程」に倣って作成され、これに基づいて日本における外国人居留地が計画されたといえる。

条約が調印された直後から、欧米の船舶が頻繁に長崎を訪れるようになった。アメリカの大型フリゲート艦三隻が安政五（１８５８）年六月から七回にわたって寄港した。同じころ、ロシア、フランスやオランダ籍の軍艦や商船も停泊し、翌年に予定されていた開港を待たずに長崎港が賑わいを呈していた[6]。

安政六年七月一日（旧暦六月二日）に公式な開港がなされると、条約国の商人、技師や宣教師が次々と訪れるようになった。しかし、居留地の造成工事が完成するまで、日本人によって提供された寺院や他の建物に仮住居することを余儀なくされた。そして、長崎居留地の完成を心待ちにした人々の中に、若きトーマス・グラバーの姿があった。

上海で二十一歳になったグラバーを乗せた船舶が、安政六（１８５９）年九月、長崎港口に点在する島々を縫うように航行しているとき、鎖国政策が解かれた日本は、二世紀有余にわたる長い眠りから覚め、さわやかな世直しの風が国中を吹き抜けていた。

グラバーの眼に映った長崎は、穏やかな港町の雰囲気を漂わせていた。そこに住む人の心の温もりが、障子戸を通して伝わってくるような木造家屋。これらの家が建ち並ぶ路地が、周囲の山々の麓に陣取る寺や神社の階段へとつづき、街全体を見おろす寺の裏手の急斜面には墓地が広がる。眼に映るものすべてが、素朴な自然の色をしていた——塗装を施さない民家の外壁の微妙に異なるセピア色、屋根瓦や石垣のくすんだ灰色、土蔵の白壁、秋の訪れを告げる木々の変化に富んだ色合い——。清楚な着物姿で、物腰穏やかに立ち振舞う住民たちまでが、落ち着いた色彩と静穏な背景のなかに溶けこんでいるようであった。

一方、港内に碇泊中の中国船やオランダ船は、この街長崎が、長期にわたる鎖国政策の間も、外国から隔離された単なる漁港ではなかったことを如実に物語っていた。出島に創設されたオランダ商館と十善寺郷の唐人屋敷だけが、十七世紀以来、外国人の滞在を許された日本唯一の場所であった。この間にも、わずかではあるが着実に長崎を窓口としての貿易がつづけられ、国外の諸事情、西洋や中国の学問、またさまざまな外国商品が入って来た。同時に、出島逗留中のヨーロッパ人学者たちは、日本に関する科学的な調査や文化的研究に専念し、帰国後、日本を初めて紹介する著作を世に送った。

日本のほかの地方と違って、長崎は天領とされ、地方の領主ではなく将軍の直轄地であった。江戸時代の間、江戸から定期的に派遣される長崎奉行が、長崎を統治すると同時に、外交および経済問題において幕府の代理を務めた。しかし長崎の行政の中枢には、各地域の町年寄による組織があり、彼らは日常の問題に留意し、地方議会ともいえる集会に参加した。特権とも言えるこのユニークな状況の中で、長崎には独自の異国情緒と折衷文化が醸し出され、他の地方ではまったく想像も及ばぬ港町が形成されていた。

ケネス・R・マッケンジーとグラバー

スコットランド人商人ケネス・R・マッケンジー（Kenneth R. Mackenzie）は、ジャーディン・マセソン商会の支店を開設するため、正式な開港の数カ月前に来崎して地元の役人や商人と接触した。彼が長崎を選んだのは、ただ上海から横浜や函館より近いということだけでなく、当時の長崎が日本で唯一、貿易のためのインフラを備えてお

1860（万延元）年秋の戸町村大浦郷。スイス人写真家ピエール・ロシエによる日本最初のパノラマ写真。イギリス領事ジョージ・モリソンから依頼を受け、長崎居留地予定地を撮影したものである。入り江の対岸には、最初にイギリス領事館が置かれた妙行寺と山手に広がる段々畑が見える。大きな松の木のそばにグラバー邸が建設されるのはこの３年後（英国国立公文書館蔵）

り、日本人住民も外国人と付き合うことに慣れていたからである。

徳川幕府は、かつて大村の領地であった戸町村大浦郷を流れる大浦川河口の干潟を外国人居留地と定めていた。天領長崎の南に位置するこの村には、海岸に点在する数十軒の藁葺き屋根の漁師小屋が建っていた。もっとも目立つ建物は、大浦川の南の丘に建つ妙行寺の本堂だった。マッケンジーは、この寺の近くにある農家を借りて活動の場として利用した。

安政六（１８５９）年六月十三日、イギリス政府は、マッケンジーの協力を得て日本初のイギリス領事館を妙行寺の離れに開設した。

安政開港の翌年から、徳川幕府は天草の北野織部と小山秀之進が率いる国民社を雇い、海岸を埋め立てて平地を造成し、石垣の建設を始めた。工事が終わった大浦商業地区が三十一の区画に分けられ、このうち一から十一までの区画は「バンド」と呼ばれる海岸通りに面する一等地であった。これらの区画を借地する居留者のリストが安政七（1860）年十月十日に作成され、イギリス領事ジョージ・モリソン（George Morrison）、米国領事ジョン・G・ウォールシュ（John G. Walsh）、ポルトガル領事ジョセフ・H・エヴァンス（Joseph H. Evans）、そしてフランス仮領事を務めるケネス・R・マッケンジーがこれに調印した[7]。本職の領事はモリソンのみで、他の三人はいずれも長崎に居住する米国およびイギリス国籍の貿易商人だった。ジャーディン・マセソン商会やウォールシュ商会の経営者たちにはバンドの地区が優先的に与えられ、酒場やホテル、小売店などは裏通りの区画が割り当てられた。幕府は埋め立て工事のほか、必要な道路、橋、側溝や石垣のすべてを整備する約束をした。

領事団によって定められた「長崎地所規則」は、外国人居留者に、それぞれの領事に対する借地の申請、六カ月以内の建物の建造、無許可の酒類販売の禁止や、日本政府に毎年末に借地料の年間費を払うことを義務付けるものだった[8]。当時、徳川幕府から許可された借地は「永代」のものと認識されていた。外国人居留地特有のこの制度は、太平洋戦争中に廃止されるまで続くこととなる。

外国人が支払う年間借地料は、百坪あたり、海岸通り三十七ドル、山手二十八ドル、山腹十二ドルと何れもメキシコドルで表示された。安政開港後の初期のころ、日本の外国人居留地ではメキシコの銀貨によるドルが使用された。十六世紀という早い時期にメキシコで造られ始めたこの銀貨は、高純度（九〇％以上）のために高く評価され、中国や東南アジアの各港では、すでに貿易での標準通貨となっていた。安政五（1858）年の仮条約の中で、日本での交換率が同量・同質の原則にのっとって規定され、「洋銀」と呼ばれるメキシコドルが百枚あたり日本の1分銀貨三百十一枚と同価とされた。

万延元（1860）年十月、スコットランドの植物学者ロバート・フォーチュン（Robert Fortune）が旅の途中に長崎を訪れた。マッケンジーに案内された彼は、着々と進む外国人居留地の建設についてつぎのように述べている。

〈港の南側には、最近日本と条約を締結した各国政府が、それぞれ自国民のために設けた居留地があった。各国領事の多くは商人であるが、彼らは居留地の後ろの丘の中腹にある小さな家や寺に住んでいた。各国領事館の屋上にそれぞれの国の旗――例えば、イギリス、フランス、アメリカ、ポルトガルの国旗が、故国を離れて一ヵ所ではためいているのは、興味ある見ものであった。居留地のために分割した大部分の土地は、海を埋め立てた場所で、遠からずこの美しい湾の海辺に、かなり大きな町が出現するだろう[9]〉

経緯は不明だが、トーマス・グラバーはケネス・R・マッケンジーの助手を務めるために上海から長崎へやってきた。その後、スコットランド出身の老商人から計り知れない恩義を受けた。マッケンジーは早く長崎を去ったが、慶応三（1867）年に日本へ舞い戻った彼は、グラバー商会のパートナーとして大阪での仕事を取りまとめた。明治六（1873）年、不治の病を患っていたマッケンジーは、大阪から長い道程を旅して長崎へ帰り、南山手の山腹にあるグラバー邸で帰らぬ人となった。享年七十三。当時の英字新聞に掲載されたマッケンジーの死亡記事の一部をつぎに紹介する。

〈マッケンジーは、故国を離れたすべての仕事仲間によって、世代は違っても最も共感を覚える上役として、また若い熱意溢れる考えを支援する助言者として、また喜びのときも悲しみのときも最良の友として慕われた。絶えず笑みをたたえ、周りに援助の手を差し伸べることを忘れず、助言を求められれば快く応じ、常に適切な回答を与えてくれた。老イギリス紳士の鑑とも言うべきK・R・マッケンジー氏は、我々が彼の年齢に達するときまで、その人柄を手本とすることが出来るなら、必ずや誇りに思うであろうその名前と思い出を残してくれた。大阪勤務のため数年間長崎を離れていたマッケンジー氏は、健康すぐれずして、つい先頃この港町へ戻っていた。死を悟ったマッケンジー氏が、最期の日々を旧来の親友のそばで過ごすことを望んで長崎へ帰ったことは言うまでもない。その友が示してくれたたゆまぬ世話、またすべての必要なものを慈愛深く予見し調達してくれたことに対する、マッケンジー氏の感謝の気持ちは、その親友自身の人生において素晴らしい思い出として、いつまでも残ることだろう[10]〉

ケネス・R・マッケンジーは、イギリスとインド、中国、日本との貿易の先駆者であった。

現在マッケンジーが世間に忘れ去られたように眠っている大浦国際墓地は、一方を日本人墓地に、もう一方を迷路のように入り組んだ路地と密集した家屋に挟まれて、以前の長崎外国人居留地の片隅でひっそりとしている。

平成30（2018）年4月、ケネス・R・マッケンジーの子孫は大浦国際墓地を訪ねて暮石の前で写真を撮った（著者撮影）

第二章

グラバー商会の設立と発展

フランシス・グルームと組んで

トーマス・グラバーが来崎した時期について、長崎イギリス領事館資料には「安政六（1859）年九月二十一日」と明記されている[11]。その後の数カ月間の活動について記録がないものの、彼はケネス・R・マッケンジーの補佐として修業を積みながら、居留地の壁を超えて日本語や日本文化を積極的に学習し、長崎に屋敷を構えていた西日本各藩の若い武士たちと友好関係を深めていたと思われる。

文久元（1861）年五月、マッケンジーが中国の漢口へ向けて長崎を去ると、グラバーはジャーディン・マセソン商会の代表権を引き継ぎ、総委託代理業者として独立を宣言した。同商会あての最後の通信書簡にマッケンジーがつぎのように述べている。

〈長らく待たされ、さんざん苦労した末に、私はかなり好条件の年間借地料を引き換えに広大かつ景観に恵まれた山腹の土地を手に入れることができましたが、それについてはグラバー氏が今後責任をもち、その地に八百ドルの費用をかけて近々バンガロー住宅を普請することになりましょう[12]〉

地番が明記されていないが、おそらく南山手一番地に言及していると思われる。いずれにしても、マッケンジーが大きな資金と大浦海岸通り二番地の事務所を含む土地などの財産をトーマス・グラバーに引き継いだことがわかる。南山手の他の区画が賃貸に出されたとき、グラバーが南山手一番地の一部を含む南山手三番地の山腹の土地に対する借地権も確保した。

グラバーは、マッケンジーと共に漢口へ向かったジョーセフ・H・エバンズの仕事も受けつぎ、中国に拠点を置き、大浦海岸通り一番地の借地権を確保していた大手貿易商社「デント商会」の代理人となった。このようにして、弱冠二十三歳のトーマス・グラバーは、新居留地の外国人商人たちの中で傑出した存在となった。

マッケンジーが長崎を離れて一カ月足らずの文久元（1861）年六月、長崎在住の外国人たちは日本最初の商業会議所を創設する。

トーマス・グラバーは、イギリス人商人ウイリアム・オルト（William Alt）とロバート・アーノルド（Robert Arnold）とともに、同会議所の運営責任者に任命された。商業会議所創設の目的は、長崎の貿易振興、商取引での規約違反防止、また商業活動報

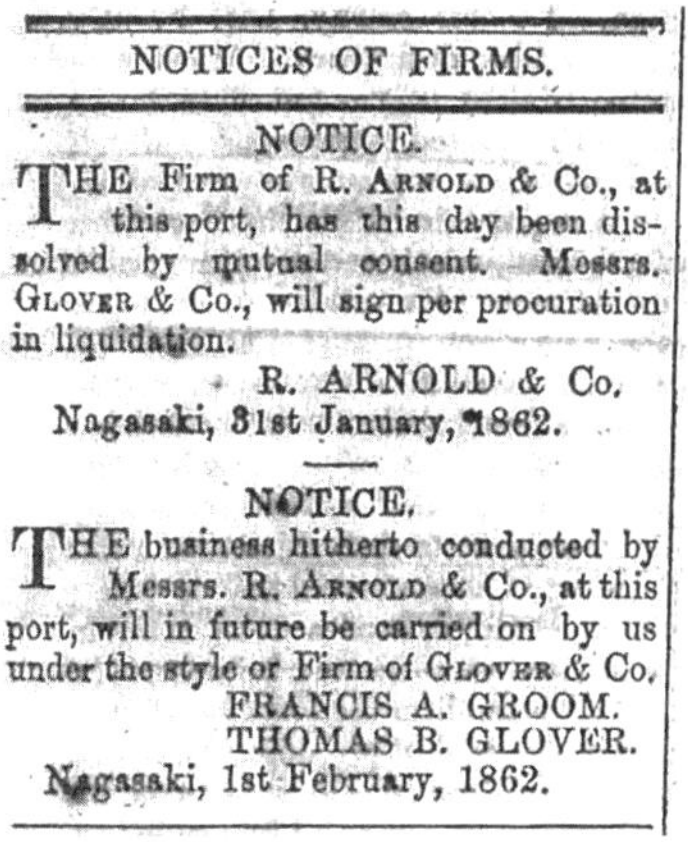

NOTICES OF FIRMS.

NOTICE.

THE Firm of R. ARNOLD & Co., at this port, has this day been dissolved by mutual consent. Messrs. GLOVER & Co., will sign per procuration in liquidation.

R. ARNOLD & Co.

Nagasaki, 31st January, 1862.

NOTICE.

THE business hitherto conducted by Messrs. R. ARNOLD & Co., at this port, will in future be carried on by us under the style or Firm of GLOVER & Co.

FRANCIS A. GROOM.
THOMAS B. GLOVER.

Nagasaki, 1st February, 1862.

トーマス・グラバーとフランシス・グルームは、1862（文久2）年2月1日付の英字新聞『ジャパン・ヘラルド』（横浜）にグラバー商会の創設を発表した。長崎を撤退するロバート・アーノルドの事業を引き継ぐ形であった

告や日本で購入可能な物資に関する情報の発行などであった。グラバーが同会議所の重要な任務に指名されたのは、マッケンジーの後継者として、また名声高いジャーディン・マセソン商会とデント商会の代理人としての社会的地位が高く評価されたからに他ならない。この組織は、居留地の人口増加と貿易活動の拡大と多様化により、明治十（1877）年ごろまでにその役割を終えた。

文久二（1862）年二月、グラバーはイギリス人商人フランシス・グルーム（Francis Groom）と組んで「グラバー商会」を設立した[13]。イギリス人のグルームは、アーノルド商会に雇われて来崎していたが、グラバー商会が、撤退するアーノルド商会の事業を吸収する形で貿易活動を開始したので新会社に加わった。同年九月、トーマスの兄ジェームズと土地管理を専門とするイギリス人エドワード・ハリソン（Edward

Harrison）が上海から来崎し、グラバー商会のパートナーとして加わった。

日本茶の精製と輸出

長崎イギリス領事ジョージ・モリソンは、「1859年後半の長崎におけるイギリス人商人による貿易活動」と題する報告書を作成し、輸出が貿易の大半を占めていることなどをイギリス公使に伝えた。さらに、同年前半に長崎から上海へ輸出された品物の一覧表を添付した[14]。その中で、海藻、高麗人参、ナマコやアワビなどの海産物、絹織物、ハゼ蝋、石炭など三十四もの品目が含まれているが、茶の記載がないことが注目に値する。この事実から、開港の年には日本茶の輸出がまだ本格的に始まっていなかったことがうかがえる。その理由について、モリソン領事はつぎのように同報告書で指摘している。

〈ここで生産された茶の品質は高く評価されているが、日本人は輸出のために茶葉を精製して梱包する方法をまだ学んでいないので、それらの作業は上海で行う必要がある。しかし、茶は今後、間違いなく大規模な輸出品になるだろう〉

一覧表に登場しないほど微小だった茶の輸出は、わずか三年の間に、モリソン領事が予想していた以上に激増した。その様子もイギリス領事館資料の中で確認できる。安政七（1860）年の貿易に関する報告書では、モリソン領事はつぎのように述べている。

〈茶は長崎からの主な輸出品になる可能性が高い。品質と輸出適性に対する我々の期待はまったく誇張されておらず、日本人はその精製と梱包を学んでいる。税関はもちろん最も正確に数量を表示するが、イギリスだけでも二百万ポンド以上が送られたと推定されている。この商品の輸出が益々重要になると考える十分な根拠がある[15]〉

さらに、翌々年の状況について、モリソン領事は茶の輸出量が年間五百万ポンド（二千五百トン）に増加しており、「外国の商人によって設立された三、四カ所の大きな製茶工場があり、海外市場向けの茶の精製に何百人もの人々に絶えず雇用を与えている」と報告している[16]。

製茶工場とは、各地から集められた茶を梱包して輸出する前に、再び火いれをして十分に乾燥させるために開設された施設である。大浦地区の裏通りに製茶工場を開設したイギリス人商人の中には、トーマス・グラバー、ウィリアム・オルトやジョン・モルトビー（John Maltby）などがいた。グラバー商会の製茶工場は、グラバーが借地権を保有していた裏通りの大浦二十一番地にあり、ジャーディン・マセソン商会からの融資により支援を受けていた。

一方、ウィリアム・オルトは、船乗りの修業や上海の税関所勤務を経て、安政六（1859）年の長崎開港直後に来崎して「オルト商会」を自らの資本で創設した[17]。まだ十九歳の若さであった。日本茶輸出貿易の先駆者として知られる女傑、大浦慶は、ウィリアム・オルトが安政三（1856）年夏に来崎し、「直ちに巨額の注文をなせり」と晩年の上申書に記して定説となっているが、上記のイギリス領事館資料やオルトが家族にあてた手紙類の内容、またオルトは1856年当時まだ十六歳だったことなどを考え合わせると、上申書に示した取引の時期は大浦慶の記憶違いだったと判断できる。

元治元（1864）年に来崎したオルトの妻エリサベスは回想録の中で、製茶工場の様子について貴重な記録を残している。つぎにその一部を紹介する。

〈それは丁度お茶の季節のはじめで、近隣の農村からお茶が運ばれている頃だった。お茶は生のままなので、乾燥（焼成）と梱包をできるだけ早く行う必要があった。製茶は、昼夜を問わず交代で行われ、三百人から四百人が大きな倉庫で働いていた。男と同じぐらいの数の女も働いていたように思えた。私はある夜、夫と一緒に見に行ったが、それは一種の地獄といってもいいものだった。何百という灼熱の木炭を持つ銅鍋があり、それらの上で茶の生の葉が乾燥されていた。大きな平らなザルが左右に動かされ、お茶は一瞬の休みなく焙られていた。天井の高い建物は、何らかの松明《たいまつ》に照らされていた。燃える木炭、茶葉からのほこりと蒸気、汗まみれの男女たち（前者はほとんど裸に近く、後者は腰まで裸で）、それはまさしく地獄のような光景だった！[18]〉

しかし、茶貿易による利益はオルトやグラバーの予想通りにはあがらなかった。はしかや天然痘が蔓延して労働力が不足し、再製茶の鑑定人がいないという問題もあり、経営はなかなか軌道に乗らなかったようだ。文久三（1863）年九月、ジャーディン・マセソン商会へあてた書簡の中で、グラバーは「現在までのところ、茶の再製は何ら利益をもたらしません」と報告している[19]。

フレデリック・リンガーの来日と茶貿易

製茶の効率化をはかるトーマス・グラバーは、長江の港、九江の貿易会社「フレッチャー商会」の茶検査官として勤務していた同輩のフレデリック・リンガー（Frederick Ringer）をグラバー商会に抜擢した。また、茶葉に火入れするための新方式を導入し、蒸気を利用して茶葉をふるう仕組みになっている機械を製茶工場に設置した。茶葉に火入れする時期になると通常数百人の人足を雇用する事業にとって、新方式の導入により人件費を節約することができた。しかし、それでも茶貿易による有意義な利益増加にはつながらなかったようだ。

明治二（1869）年一月、長崎において製茶工場を営んでいたトーマス・グラバーやその他のイギリス人たちは、長崎イギリス領事に連名で書簡を送り、茶貿易の諸問題について訴えた。その後、アドルファス・アネスレイ（Adolphus Annesley）領事が同書簡を元に書いた長い報告書は、各地の英字新聞に掲載され話題を呼んだ。茶輸出に関する部分はつぎの通りである。

〈茶は1868年よりも1869年の間に多く生産され、輸出の準備は活発に進められた。しかし、ここで火入れ、箱詰めされる量は全収穫量のほんの一部であり、大部分は生の状態で中国に輸送される。それ故に、日本茶はヨーロッパの市場へ中国茶と別々または混ぜられた状態で送られるのである。これほどの量の生茶を上海に送る訳は、ここで火入れされて木箱に詰められた状態の茶より生の状態の方が、税金がかからないからである。品質は変わらないのに「番茶」として売ることは出来なくなるのである。（略）このような状況で茶にかかる税を撤廃すれば、業者の足並みは揃うし、現地での茶の生産を増やし、既に外国人によって運営されている製茶工場での雇用を増やし、関税の形で税関の利益を増やして地元で増加する求職者に仕事を与えるので、長崎港における貿易を発展させることができると思われる[20]〉

この頃になると、横浜と神戸も茶貿易に参入し始め、多くの外商たちが新たなビジネスチャンスを求めて彼の地へ移住し、西日本の生産者も商品を横浜や神戸に送るようになった。なお、茶貿易を行うイギリス人たちは中国人商人との激しい競争に見舞われていた。結果として、茶貿易はトーマス・グラバーやその他の商人たちの活動の中で重要性を失い、長崎居留地にたたずむ製茶工場は次第にその姿を消していったのである。

中古船の取引

長崎の外国人商人たちはいち早く艦船取引の大きな可能性に着目していた。グラバー商会が開設される前の文久元（1861）年一月、トーマス・グラバーとケネス・R・マッケンジーはジャーディン・マセソン商会への書簡の中で、薩摩藩がイギリス製の中古の蒸気船「イングランド号」を買い上げたことを報告している[21]。薩摩藩がイングランド号を買い取る際に支払った代価は一二万八千ドルという莫大な金額だったと書き留めている。

若き日のトーマス・グラバー。長崎にて（長崎大学附属図書館蔵）

大きな危険にもかかわらず、このときの取引は、中古船売買が大事業に発展するかもしれないということを、グラバーやその他の商人たちに気づかせた。なお、薩摩藩が輸入禁止令に違反してイングランド号を購入したことが、徳川幕府に反抗する可能性を秘める他藩に手本を示すこととなった。

グラバー商会は、茶、樟脳や木材など九州地方の産物を輸出し、西南諸藩の需要に応じて布類、香辛料や鉄材など、さまざまな一般物資を輸入しつづけたが、中古船を香港などで輸入して日本で販売するような莫大な利益を得ることはできなかった。中国にもっとも近い条約港である長崎はその後も中古船売買の中心地となった。明治三（1870）年までの十年間に日本へ輸入された中古船百六十二隻のうち、百十二隻が長崎港で売られたという。グラバーは、蒸気船の燃料である石炭の供給にも関心を持ち、安政元（1854）年に長崎を訪れたイギリス東インド艦隊が、高島における石炭掘りの現場を目撃していたことも当然ながら承知していた。

トーマス・グラバーが幕府や諸藩に艦船を売却するときには、主に三つの方法があった。一つは、グラバーが蒸気船や帆船を見込みで買いつけ、商会用にすでに運航させている船舶を売却する。二つ目は、グラバーが、ジャーディン・マセソン商会やデント商会などの販売希望者、あるいは幕府や諸藩など購入希望者からの委託をうけて適当な購入先や船舶をさがし、仲介と斡旋の手数料をとって販売する。三つ目は、幕府や諸藩からの依頼によって艦船の建造の仲介をする、というものである。グラバーまたはグラバー商会が慶応年間前後の五年間に販売した艦船は二十四隻で、対価として百六十八万ドルを享受したという。船舶を扱う長崎の貿易商の中でダントツ一位の業績であった[22]。

グラバーが慶応元（1865）年に薩摩藩に売却した蒸気船の一隻は、日本史にその名を刻んだ「ユニオン号」である。全長四十五メートル、排水量三百トンの木製蒸気船ユニオン号は、イギリスの造船所で建造され、グラバー商会から薩摩藩に六万ドルで売られた。三本マストと蒸気機関の両方が装備された「併用船」であった。幕府命令で艦船輸入を禁止されていた長州藩のために、薩摩藩名義で購入して長州藩へ渡す、というものであった。購入のために長崎出張を命じられたのは、長州藩士の井上聞多（井上馨）と伊藤俊輔（伊藤博文）。取引の架け橋となったのは坂本龍馬ゆかりの商社組織「亀山社中」であった。「桜島丸」と名付けられユニオン号は、「薩長同盟」の象徴として亀山社中に運用され、やがて「乙丑丸《いっちゅうまる》」と改名されて長州藩へ渡された。

「一本松邸」と呼ばれたグラバー住宅

文久三（1863）年に完成を迎えた長崎居留地の第二次造成工事では、大浦川の南側の埋め立て、妙行寺の下に広がる木々の風景から「下り松」と呼ばれる岩の岬の拡張、広馬場に近い梅香崎の水辺に沿った堤防工事などが行われた。トーマス・グラバーや他の欧米人の居留者と協力関係にあった長崎の豪商、小曽根六左衛門は、下り松の沿岸地区のさらなる南への拡張に出資した。

長崎居留地が開設された当初、徳川幕府は外国人の居住エリアを大浦と下り松（現在の松が枝町）に限定したいと考えていたが、風通しのよい山手地区を提供してほしいという領事たちの強い要請に対して、東山手地区を始め、次第に居留地境界の拡大を認めた。しかしながら、開港から二年後の文久元（1861）年になっても、幕府は妙行寺（当時の長崎イギリス領事館が仮設されていた寺院）の南側の丘陵地帯、つまり現在の南山手の提供を固く拒んでいた。

イギリス領事のジョージ・モリソンは、同年四月十三日付の書簡で、この問題の解決に目処がついたことをイギリス政府に報告している。モリソンはその数日前、長崎奉行に面会し、居留民の健康と快適な暮らしのためにスペースが必要であり、急速に

幕末のグラバー邸（デイビッド・カーマイケル氏提供）

拡大する外国人人口に対応するために既存の居留地があまりにも窮屈であることを訴えていた。奉行が幕府と相談しなければならないと型通りに回答すると、モリソンは「暫定措置」でも良いから即座に決定してほしいと要請した[23]。

その結果、長崎奉行は居留地の境界を金刀比羅《ことひら》神社の下まで延長し、約十七ヘクタールに広がる南山手一番地から三十五番地の区画整理をおこなうことに合意した。外国人たちは早速、利用可能な区画に対する借地権をめぐって競い合った。文久元（1861）年十月、松の老木がそびえ立ち、長崎港を一望できる南山手三番地の借地権を確保したのは、若きスコットランド人、トーマス・グラバーであった。いま「旧グラバー住宅」と呼ばれ、日本最古の洋風建築としていまなお残る有名な邸宅が建てられたのはこの場所である。

グラバーが私宅の建設にかかり、文久三（1863）年には最初の建物が竣工した。建設の過程について記録は乏しいが、日本人大工が残した墨書銘（棟札）には「文久三年五月」と記されていることから、この時期に住宅がひとまず完成したと思われる。設計者も施工者も不明だが、居留地の造成工事に携わり、また前年に東山手十一番地のプロテスタント教会堂を手掛けた熊本県天草出身の棟梁、小山秀之進（秀）が依頼を受け、長崎在住の外国人技師または海外の建築会社による設計図を元に同住宅を建設した可能性が高い[24]。

予期せぬ建築の融合

当初はL字型の平屋であったこの木造住宅は、端部が独特な半円形を描く寄棟式屋根、石畳の床面に木製の独立円柱、菱格子の天井をもつ広いベランダを誇る。屋根は日本瓦で覆われ、壁は在来の漆喰を用いた土壁であった。一方、中は典型的な西洋風の造りになっており、前方にはリビングルームとダイニングルーム、奥にはイギリス式暖炉のある寝室と厨房や倉庫などがあった。家の下に造られた日本庭園には岩でできた池やフジの花が咲く格子垣などがあった。結果は予期せぬ建築の融合で、開国後間もないころの日本人と欧米人の見事な共同作業であった。この和洋折衷の建築様式は、洋風建築、異人館、洋館や長崎では「オランダ屋敷」などと呼ばれてきた。

グラバー邸の原型は、イギリス領インドで人気を博した広いベランダと高い天井の部屋を持つ平屋建て「バンガロー」である。ベランダも高い天井の部屋も、インドや東アジアの蒸し暑い気候に適応しようとする欧米人の工夫を反映している。バンガローという言葉は、「ベンガル地方」を意味するヒンディー語のbangalaに由来するが、その様式はイギリス領インドからマレーシアや中国各地を経由して日本へ北上の道をたどり、イギリス人や他の欧米人が滞在する港町を見下ろす丘の上に建てられた豪邸を指すようになった。

トーマス・グラバーは、南山手三番地の庭にそびえ立つ大きな松の木のすぐそばに住宅を建てたが、この松の木にちなんで自宅に「IPPONMATSU（一本松）」というイギリス式のニックネームをつけた。その後、同住宅は「一本松邸」として広く知られるようになった。グラバーが家の北側部分に幹を取り囲む小さな温室を造ると、松の木はまるで建物の中から伸びているかのように見えた。威厳のある古木は後に病気に

1866（慶応２）年ごろのグラバー邸の庭園から長崎港を望む。トーマス・グラバーは庭園の端に沿って大砲の列を据え付けていたが、それは商品の陳列でも敵の攻撃を防ぐためでもなく、自身の財力を顕示するものだったと思われる。人物はグラバーと加賀マキか（D・カーマイケル氏提供）

かかって枯れ、明治三十八（１９０５）年に切り倒された。

南山手の丘の上に邸宅を建てたトーマス・グラバーの目的は、議論の対象である。同僚のウィリアム・オルトは新妻と生まれるはずの子供たちのために南山手十四番地に豪邸（現在の「旧オルト住宅」）を建てたが、グラバーは独身だったので、家族の住まいではなく、日本人の来客を接待する迎賓館として一本松邸を建てたのではないかと推測される。しかし、「迎賓館」を裏付ける史料がなく、なお「外国人支那人名前調帳」などでは、グラバーが「妻」と一緒に南山手の家に住んでいたと記されていることから、一本松邸は主にグラバーの自宅として建てられたと考えるのが妥当だろう。

大正七（1918）年、『マレー日本案内』の共著者ウィリアム・B・メイソン（William B. Mason）が東京の英文雑誌に、『トーマス・グラバー〜英日通商の先駆者』と題する記事を寄稿した[25]。その中で、グラバーについて「立派な体格と礼儀正しい態度は、日本人・外国人また男性・女性を問わず周りの人々を魅了した」と述べている。また、「グラバーは折々長崎に寄港していたイギリス艦船の将校たちを住宅に招待したが、その気の配り方は誠に麗しい振る舞い方であり、お手伝いで丘を上がっていく水兵を艦長と同様に手厚くもてなした」とメイソンは記し、邸宅についてはつぎのように付け加えている。

〈彼の絵のような住居「一本松邸」が立つ場所に生えていた松の古木にその名は由来し、松の木の幹は屋根を突き抜けて真っ直ぐに立ち上がっている。建物は独特な部屋の配置を有し、島々が点在する美しい港を見下ろすそのたたずまいは、久しく忘れられない思い出として訪れる人をひきつけるのである〉

長崎居留地のリーダー

初期の長崎居留地に建物が建ち並び人口が増加してくると、居住者たちはさまざまな組織や委員会を結成した。これには居留地の日常的な運営を取り扱う自治会、日本当局との交渉を担当する借地人会、貿易の管理や不正取引の防止を担当する商業会議所などであるが、このいずれにもトーマス・グラバーが中心的な役割を果たした。外国人居住者たちが長崎港口に横たわるねずみ島へピクニックに出かけたときの集合写真には、若年のグラバーが最前列中央で自信満々の表情で寝そべっている姿が捉えられ、居留地における彼のステータスを物語っている。

文久二（1862）年、トーマス・グラバーを含む主要居留民はプロテスタント教会の建設を計画し、居留地の造成工事に携わっていた天草の小山商会に簡素な木造教会の施工を依頼した。同年十月、「英国教会堂」と呼ばれる日本初のプロテスタント教会が東山手十一番地で竣工。その後、棟梁の小山秀之進（秀）は、教会建設で身につけた技術と知識を活かしてグラバー邸、大浦天主堂やオルト邸など、初期の西洋建築を次々と完成させていった。

長崎のイギリス領事代理チャールズ・ウィンチェスター（Charles Winchester）は同

長崎外国人居住者のピクニック。1865年ごろ、長崎港口ねずみ島にて。トーマス・グラバーは最前列中央で、帽子を足先に掛け、自信満々の表情で寝そべっている。グラバーから左に二人目、犬を抱いて座っているのがウィリアム・オルト（長崎大学附属図書館蔵）

年十月二十六日付けの手紙で、英国教会堂における礼拝の開始を報告し、建物について、「清潔で小さな建物は、二世紀以上前に日本人信者が冷酷な弾圧を受けて以来、長崎で開設された最初のキリスト教の教会堂です」と述べている[26]。トーマス・グラバーはウィリアム・オルトとともに同教会の管財人に任命された。

英国教会堂が西坂の日本二十六聖人の殉教地に向くように建てられたことから、プロテスタント宣教師も、日本人キリシタンの子孫がいるのではないかという噂に耳を傾けていたと想定される。しかし、彼らが教会正面の尖塔に大きな十字架を掲げても、潜伏キリシタンを陰から誘い出せなかった。日本人信徒を発見したのは、その二年後、南山手に大浦天主堂を建てたフランス人のカトリック司祭たちだった。

東山手十一番地の教会は、長年にわたり長崎居留地のプロテスタント居住者のための礼拝所として機能したが、老朽していた建物が大正五（1916）年八月の台風により倒壊し、再建されることはなかった。跡地は現在、海星学園の一部に組み込まれている。

トーマス・グラバーは、長崎イギリス領事館の運営にも助言者として深く関わった。妙行寺に仮住まいをしていた同領事館は、文久三（1863）年六月、南山手十一番地の「グリーンズ・ホテル」（後のベル・ビュー・ホテル）に移設された。このホテルは、領事館巡査を務めていたマッシュー・グリーン（Matthew Green）が同年に建てた西洋式ホテルであった。グリーンは、施設を年間千八百ドル（洋銀）でイギリス政府に賃貸することに同意していたが、トーマス・グラバーとウィリアム・オルトは、居留地の主要なイギリス人住民として供述書を提出し、年間千八百ドルの賃貸料が「公正で適切」であると宣誓している[27]。

1867（慶應3）年ごろの長崎外国人居留地。大浦地区の屋根越しに南山手一帯と一本松邸（左側上部）が見える（グラバー園蔵）

輸出入業のビジネスリーダーとして軌道に乗り、グラバー商会が利益で潤うようになると、トーマス・グラバーは長崎居留地での借地買付けにも積極的に投資した。借地権保有地の拡大は、家賃による収入源や資金調達のための担当物件としての価値を持っていた。トーマス・グラバーおよびグラバー商会は慶応三（1867）年末の時点、長崎居留地の限られた面積を考慮すると相当な広さである、総面積一万四千坪を超える十五区画の借地権を保有していた。居留地における借地権保有者としてダントツ一位だが、グラバー商会倒産後、その多くは元従業員のフレデリック・リンガーに譲渡されることとなる。

武士たちとの信頼関係を結んだグラバーの誠意

安政開港当時の長崎は、上海から来航する外国船の最初の寄港地だけでなく、日本で唯一、貿易のための下部組織を備えており、地元の住人も外国人を隣人として持つことに慣れていた街である。横浜は後に大きく発展するが、幕末の数年間、長崎が日本の入り口と国際交流の中心地という役割をほぼ独占していた。イギリス人の通訳で後に駐日イギリス公使を務めたアーネスト・サトウ（Ernest Satow）はその著書『一外交官の見た明治維新』の中で、長崎と横浜における初期の貿易についてつぎのように述べている。

〈長崎には、西日本の大部分の領主が、農民から年貢として取り立てた米穀、その他の産物を同地へ送って、それらを売却する商社があった。領主の家来たちは、しきりに外国人と交際し、武器、火薬、汽船などを購入するため外国人の商社を訪れた。そのようにして、一種の友好的な感情が醸成していたのだが、その感情を一段と強めた者は、武士階級の青年たちに英語を教え、また日本の将来に少なからぬ影響をあたえたところの自由思想をこれらに伝えた、アメリカの宣教師であった。しかし、横浜の場合は、外国の商人が取引の相手にしなければならなかったのは、主として無資本の、そして商売に無知な山師連中だったのである。契約の破棄や詐欺は、決して珍しいことではなかった[28]

開港後、日本西南部の若い藩士たちが新時代の知見を得たく、また貿易の可能性を探るために長崎へ殺到した。薩摩（鹿児島）、長洲（山口）、土佐（高知）、肥前（佐賀）などの藩士は外国人商人に接近して交渉を開始した。幕府の代表以外との取引が安政五カ国条約によって禁止されている中で、これは外国人商人たちにとって危険極まる綱渡りであった。しかし、トーマス・グラバーは武士たちとの付き合いを買ってでた。彼は条約の規定を破るばかりでなく、各藩が支払いの約束を守らなかった場合、代金請求の手立てが何もないため、莫大な損失を被る危険と常に隣り合わせの状態であった。グラバーは、長崎に集まる西南部諸藩の武士たちと直接に相談し、個人的な信頼関係を築いていった。

信頼関係の一因として、グラバーの父親がイギリス海軍大尉であったということが挙げられる。このことは、「士農工商」の縦社会において、士族の家系を重んじ、当時の西洋の海軍に畏敬の念を抱いていた日本人に好感を与えたに違いない。これに加えて、日本人と対等に付き合い、日本語と日本文化を理解しようと努力するグラバーの姿勢が、若い侍たちやその上役の信用を得るのに役立った。

大方の外国人商人が日和見的な商売をする中で、グラバーは日本の将来をしっかりと見据えて行動した。また、蒸気船やその他の製品を売っただけに止まらず、日本人がその操作と保守点検を適切に行えるよう指導もした。グラバーが示したこの熱意と和合の精神こそが、彼を他の外国人とは異なる際立った存在にしたのではないだろうか。

生麦事件で壊れた日英の信頼関係

しかし、文久二（1862）年秋、日英間の友好関係にヒビが入り、グラバーと薩摩藩士やその他の武士たちとの相互理解が試されることとなる。休暇で上海から横浜へ来ていた商人チャールズ・リチャードソン（Charles Richardson）他三人のイギリス人が、横浜港近くの生麦村の狭い街道で、薩摩藩主の行列のそばを騎馬のまま通過しようとした。それに憤慨した従士たちによって、リチャードソンが斬り殺されるという、いわゆる生麦事件が発生。イギリス公使は、幕府が賠償金を払い、手を下した者たちを法に照らして処断することを求めたが、薩摩藩は、事件の責任を負うことも、賠償金を支払うことも拒否し、日本の礼儀を無視したためにイギリス人が過失に陥っていたと主張した。

緊張が高まる中で、鹿児島にもっとも近い条約港である長崎の外国人コミュニティに恐怖が広がった。イギリス人住民は、文久三（1863）年五月十三日、一本松邸が完成したと同じころに緊急会議を招集し、居留地を放棄するかどうかを話し合った。トーマス・グラバーを含む大多数の住民は長崎に留まることを決めたが、長崎港に停泊している船に貴重品を保管し、夜は大浦海岸通りのオルト商会の事務所に避難することにした[29]。

同年七月、神経をすり減らしていたイギリス領事のジョージ・モリソンは、「グラバー氏の陳述」と題する秘密の報告書を江戸の公使館に送り、九州の反乱分子が自分を暗殺しようとしていると訴えて早期退職を願い出た[30]。トーマス・グラバーについて下記のように記述している。

〈昨夜の六時頃、長崎のグラバー商会代表T・B・グラバー氏は私を訪ねてきました。グラバー氏は日本語に長け、多くの高い階級の日本人と友好関係を持っており、彼らにとても尊敬されています。彼は私と個人的に面談したいと申し出て、しかも話の内容を秘密にしてほしいと言いました。私はある範囲内であれば約束すると答えました。グラバー氏は、イギリス領事（私）の暗殺計画が持ち上がっていることを、高い階級の日本人から密かに聞いたと言いました。その日本人は昨日の朝、いまは浪人となっているが以前は非常に高い地位にいた知り合いからイギリス領事（私）を殺したいので領事館への攻撃に加勢してほしいと頼まれたそうです。（略）グラバー氏は、情報の真実性とその提供者の私たちに対する友情には確固たる信頼を置くと主張し、領事館での監視を自分もさせてもらいたいと提案しました〉

結局、イギリス領事館への攻撃はなく、ジョージ・モリソンは体調不良という名目で退任して無事に帰国することができた。彼の訴えは空振りに終わったが、上記の書簡は思いがけなく、トーマス・グラバーの語学力と人間関係を垣間見る貴重な証拠を残した。

ジョージ・モリソン領事の退任から数日も経たないうち、イギリス海軍の七隻の軍艦が鹿児島沖に集結し、代表団を送って薩摩藩代表に要求を突き付けた。この要求が蹴られると、イギリス海軍は直ちに市中への艦砲射撃を開始して少なからぬ損害を与えた。薩摩側による報復攻撃もまたイギリス海軍に甚大な被害をもたらし、死傷者は六十三人（旗艦ユーライアラスの艦長や副長の戦死を含む死者十三人、負傷者五十人、内七人死亡）に及んだ。「薩英戦争」（1863年八月十五日～十七日）として記憶されるこの短い衝突の結果、決着はつかなかったものの、イギリス海軍の実力を見せつけられた薩摩藩主は、その年の暮れに賠償金を支払って西洋列国と協力する道を選んだ。

翌年の元治元（1864）年、今度は長洲藩とイギリス、フランス、オランダ、アメリカの四国との間に攘夷思想を巡って紛争が起きた。長州藩が外国貿易にとって海上輸送の中枢である関門海峡を封鎖すると、経済的損失を受けた列国が艦船十七隻で連合艦隊を編成し、同年八月五日から七日にかけて馬関（現在の下関市中心部）と彦島の砲台を砲撃し、陸戦隊がこれらを占拠した。衝突の知らせを受け、イギリス留学から急いで帰ってきた伊藤博文や井上馨が攘夷運動の無益さを覚り「開国」へと考えを変えていたこともあり、長州藩は列強に対する武力を放棄し、海外から新知識や科学技術導入による自藩の軍備近代化へ方針転換した。同藩はさらに、坂本龍馬や中岡慎太郎などの仲介により、慶応二（1866）年三月七日（旧暦一月二十一日）に同様な近代化路線を進めていた薩摩藩と「薩長同盟」を締結して、共に倒幕への道を進むことになる。

これら二回の小競り合いの結果、イギリスは、徳川幕府の支配力が極度に衰退したこと、また薩摩、長州両藩とも外国人を追い出そうとする意図だけでなく、幕府の面目を失わせようという目的で紛争を引き起こしたことを察知した。慶応二（1866）年七月、グラバーは薩摩藩城内にイギリス公使ハリー・パークス（Harry Parkes）を招く手はずを整える。パークス夫妻、通訳のアーネスト・サトウやトーマス・グラバーなど、数名の代表者たちを乗せた三隻のイギリス船が、わずか三年前に薩英間で殺戮戦が展開された湾内へ入港。パークスは島津久光や島津忠義薩摩藩主を旗艦プリンセス・ローヤル号に招待して手厚くもてなし、今後の友好と協力を約束した。

グラバーは、西南部諸藩の力が遂には日本全土を制覇するだろうという持論を絶えず唱えていた。この持論のもとにハリー・パークスを説得したことが、その後の日本の大変革に少なからず寄与することとなった。

日本最初の蒸気機関車

慶応元（1865）年は、平穏無事を取り戻した長崎居留地にとって繁栄をもたらす多忙な年となった。居留地人口もイギリス人六十三名、アメリカ人三十七名、フランス人十九名、その他の二十五名とそれぞれ急増した。この年もっとも人々の関心を集めた出来事のひとつは、大浦海岸にその姿を現した日本最初の蒸気機関車であった。この機関車を長崎に運んできたのは、トーマス・グラバーだった。

グラバーは、大浦海岸通り（現在の長崎みなとメディカルセンター前から大浦川付近）に数百メートルに及ぶ線路を敷設し、海外から運んできた小型の蒸気機関車と車両の公開試運転を行なった。近郷近在から詰めかけた人々は、煙と蒸気をもうもうと吐き、軌道上を自力で通り過ぎて行くという世紀の見世物にうっとりと見とれた。この試運転に関する史料はほとんどないが、グラバーが多額の費用をかけて機関車を長崎に運

トーマス・グラバーが小型蒸気機関車の試運転を行った大浦海岸通り（左）。ピラミッド型の屋根を持つ大きな建物は大浦７番地のオルト商会。大浦２番地のグラバー商会事務所はその奥に見える（長崎大学附属図書館蔵）

んだことに二つの主な目的があったと思われる。ひとつは、イギリスの経済発展に多大な効果を及ぼした鉄道を日本で実証することだった。もうひとつは、炭坑やその他の産業で使用するために日本に蒸気機関を導入するという、グラバーが頭の中で密かに練っていた計画の一部であった。

トーマス・グラバーの実験や、日本における鉄道の将来性に対して批判的な人たちもいた。試運転を取り上げた横浜の英字新聞『ジャパン・タイムズ』はつぎのように横槍を入れた。「長崎では、日本人の娯楽のために鉄道を使って他愛もないことが行なわれたが、それは可愛い玩具にすぎず、何年経とうとも玩具のままであろう」と[31]。

大正七（1918）年六月七日、英字新聞『ナガサキ・プレス』は、「日本最初の鉄道」と題する記事のなかで、イギリスの雑誌『レールウェー・タイムズ』の1865年号に長崎での機関車の試運転を伝える記事があったことを報告し、年配の住民のなかにこの実験を覚えている人がいないか情報を求めた。その結果、文久二（1862）年に来崎していたエドワード・レーク（Edward Lake）なるアメリカ人が、話題の機関車は小型であったという手紙を新聞に送った。レークのコメントは同新聞につぎのように掲載された。

〈1865年か66年に、T・B・グラバーとその関係者が大浦海岸通一番から十番にかけてレールを仮敷設し、小型機関車と二台の車輛を走らせて大衆に公開した。その機関車と車輛は小型にすぎなかった[32]〉

機関車と車輛は小型だったとしても、観客の驚きは大きかったに違いない。五年後の明治三（1870）年一月、日本最初の本格的な鉄道が横浜―東京（新橋）間に開通する。トーマス・グラバーは、この事業には直接に関わらなかったが、蒸気機関車の

長崎レガッタの華やかさを伝えるボートハウスの写真。明治 15 年に「長崎競漕運動協会」（NRAC）が小菅の海岸に建てたもので、2 階の観覧席には華やかに着飾った女性たちの姿が。海岸の奥に「一本松」（グラバー住宅）が見える。（著者蔵）

慶応 2（1866）年 5 月に長崎港で行われたボートレースの優勝組。（左から）フレデリック・リンガー、W・O・フォーレスター、ウィリアム・オルト、ジョン・C・スミス、ロバート・ヒューズ。オルトを除いて全員がグラバー商会の従業員（D・カーマイケル氏提供）

将来性に日本人の目を向けさせ、その有用性を実証したという事実から、日本の鉄道の父と言っても過言ではないだろう。

試運転が行われた海岸沿いの道路は「バンド」(bund)と呼ばれた。大浦バンドは、厳重に警備された江戸時代の海門と違い、寛大な雰囲気と公共のアクセスの良さを持ち、自由貿易と国際協力の新しい時代の到来を象徴した。舗装されて遊歩道となった大浦一番地から十一番地間までの三百メートル程の細い土地には、既に日本で初の街灯（オイルランプ）があった。慶応元（1865）年十月十四日、トーマス・グラバーやその他の外国人たちは大浦バンド沖の長崎港にレガッタ（ボートレース）を開催し、観客はグラバー商会の事務所など大浦海岸通りに面する建物の二階から競技を見て楽しんだという記録もある[33]。

「死の商人」といえるか？

慶応年間頃までに莫大な財産を築いたトーマス・グラバーは、上海と横浜にも出張所を開き、仕事仲間フランシス・グルームとエドワード・ハリソンをそれぞれ所長に据えた。元治元（1964）年四月に開設された上海支店は中国各港においてさまざまな事業を展開し、中国人社会では「軋拉佛」（クローファ）という商号で知られていた。また横浜では、蒸気機関を駆使した製材所を営み、「グロウル」の名前で英字新聞『ジャパン・タイムス』などに当時として珍しい日本語交じりの広告を出した。

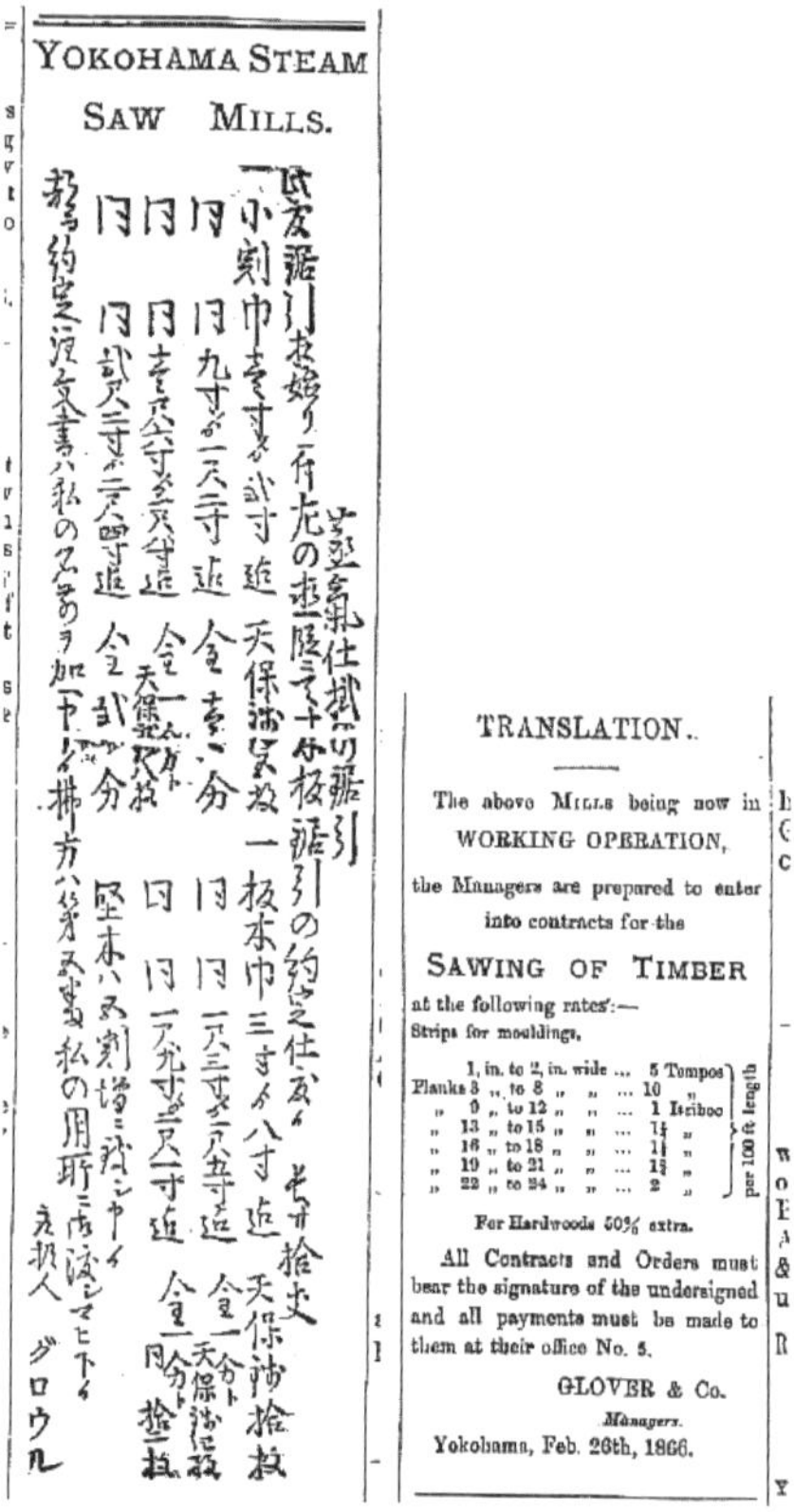

YOKOHAMA STEAM SAW MILLS.

TRANSLATION.

The above MILLS being now in WORKING OPERATION, the Managers are prepared to enter into contracts for the

SAWING OF TIMBER

at the following rates:—

Strips for mouldings,

	1, in. to 2, in. wide	...	5 Tempos	per 100 ft. length
Planks	3 „ to 8 „ „	...	10 „	
„	9 „ to 12 „ „	...	1 Itziboo	
„	13 „ to 15 „ „	...	1¼ „	
„	16 „ to 18 „ „	...	1½ „	
„	19 „ to 21 „ „	...	1¾ „	
„	22 „ to 24 „ „	...	2 „	

For Hardwoods 50% extra.

All Contracts and Orders must bear the signature of the undersigned and all payments must be made to them at their office No. 5.

GLOVER & Co.
Managers.

Yokohama, Feb. 26th, 1866.

「ジャパン・タイムス」（1866 年 5 月 11 日号）に載ったグラバー商会の横浜製材所の広告（横浜開港資料館所蔵）

グラバー商会の絶頂期であった慶応二（１８６６）年の従業員数内訳は、西洋人十七名、中国人の買弁（通訳）や事務員十数名であった。また、製茶工場や波止場で多くの労働者も動員していた。同商会は貿易業務に加えて「ロイズ船級協会」ほか五社の国際的保険会社の代理店として、また翌年からは、大手の香港上海銀行とオリエンタル銀行の代理店としての仕事もおこなった。

グラバーはジャーディン・マセソン商会のほかに、中国に本部を置くデント商会の代理を務めていたが、慶応元（1865）年、デント商会が借地権を保有していた東山手九番地の高台に二階建ての建物を新築し、長崎イギリス領事館としてイギリス政府に貸し付けた。建設費用の約一万五千ドルには、基礎の準備に九百ドル、フェンスや門の建設に六百ドルが含まれていた。同年七月から、長崎イギリス領事館は、月額約三百ドルという多額の家賃をグラバー商会に支払って東山手九番地に居を構えた[34]。

一方、南山手三番地の一本松邸は、単なる邸宅というよりむしろ城郭の雰囲気を漂わせていた。明治四十四（1911）年にグラバーの死亡記事を掲載した英字新聞『ナガサキ・プレス』は、その様子についてつぎのように伝えている。

〈当時のグラバーの豪奢な暮しと、薩摩藩主、島津公がグラバーを友人として高く評価していたことを、非常に印象的に実証するおもしろい話がある。島津公はグラバーを招くために、家老の一人を送った。戻って来た家老は、その名高いイギリス人商人が王侯貴族並みの従者を置き、三十万石の大名に匹敵する暮しぶりであることを報告。島津公は諸手を挙げ、最高の敬意を表してグラバーを迎え、数回、共に並んで乗馬を楽しんだ。当時の大名は、仲間の大名以外の者とは決してそのようなことをしなかったので、グラバーにとって名誉なことであった[35]〉

松江藩出身の儒教学者、桃節山も、慶応元（1865）年秋に九州の状況視察の途中に長崎を訪れ、その後発刊した『西遊日記・肥後見聞録』のなかでトーマス・グラバーの豪勢さに言及し、長崎港を見下ろす住居やその他の設備についてつぎのように述べている。

〈就中驚入るは、ガラバ之屋敷也、ガラバと申は西洋ニ而も数人と指折之大商之由ニ而本屋敷は大浦之内一本松と号する高ミ之土地ニ余程場広ニ相構へ、宅中部屋々々、諸道具等不及申、種々結構なるものをも相飾り、園庭等に至るまで力を尽したるものなり（略）又ガラバ細工所を始め其売店等は大浦内に処々に有之、

其細工所之器械は如何にも大仕懸のものにて紙上にのべ難し[36]〉

（現代語訳）〈とりわけ驚かされたのは、グラバー氏の屋敷だった。グラバーは最も有能な西洋商人のひとりであり、大浦居留地の一本松と称される広大な丘陵地に邸宅を構えている。各々の部屋には、家具や調度品に至るまで様々な素晴らしい珍品が飾られている。庭園などもまた最大の配慮が行き届いている。（略）また、グラバー氏の工場や事務所などが大浦居留地内に点在し、その工場の機械や備品は言葉で言い尽くせないほど大規模のものである〉

倒幕を企てる諸藩と徳川幕府との争いが大きくなるにつれ、ライフル、弾薬や他の軍事品の密売が拡大した。グラバーは武器の密売に手を染めたことから、現在に至るまで「死の商人」として日本史に記憶されることが多い。しかし同じころ、グラバーの他にも多くの外国人商人たちが監視の目をくぐって武器を密輸していたし、グラバー商会にとって武器の売買は一部の商業活動に過ぎなかった。ちなみに、「死の商人」や「武器商人」というのはやや的を外れたレッテルといえる。

一方、南山手のグラバー邸前に設置された大砲を捉えた写真があり、いかにもそこで武器を陳列していたように見える。しかし、日米及び日英修好通商条約の第三条では、「軍用の諸物は日本役所の外へ売るべからず」と明記されており、武器の密売が原則として禁止されている最中で、日本人に売るために自宅前に置いたものとは考えにくい。大砲を目撃した上記の桃節山はつぎのように日記に記している。「其前には台場共を相構へ鉄砲拾挺余備へ居れり、しかし此台場之容子を見るに、左までの要害とも思はれず、もしくは是も一ッ之なぐさみなる乎」。上記のことを考え合わせると、大砲は商品ではなく、トーマス・グラバーの財力を顕示する装飾的なものだったと思われる。

最大の反逆人と同時に貢献者

倒幕を企てる諸藩が屋敷を構える長崎で活動するグラバーは、まさに「適切な時に適切な場所にいる」人物であった。彼は、若い武士たちと日本の政情と近代化の必要性について話し、西洋における立憲君主の制度や産業革命が及ぼした国の繁栄について力説した。晩年、グラバーは旧長州藩の毛利家編輯所員と会談し、幕末における自分の行動についてつぎのように語っている。

〈私は世間から金もうけ主義者だと思われているかも知れないが、単純に金もうけだけじゃ決してなかった。（略）私は日本の大名と何十万、何百万と取引きしたことがある。しかしここで強く言っておきたいことは、自分はワイロは一銭も使ったことがない。自分は立派な日本のサムライの根性でやった。（略）徳川幕府の反逆人の中では、自分が最も大きな反逆人だったと私は思っている[37]〉

通訳を介して記録され、なお期日や場所が記されていないこの会談は第一次資料とはいえないが、グラバーの主張は、明治維新までの数年間の彼の行動によって裏付けられる。

グラバーは、諸藩との取引に関する規則をたびたび無視した。購入品に対して銀貨で支払うことができなくて、地方の特産品を代わりに差し出す藩もあった。グラバーはこの取引方法を受け入れたが、米を中国へ送って換金することにより、穀物の輸出を禁じる日本の法律を破った。また、暴言を吐いたり、商売用の絹織物を盗んだ従業員の顔にコールタールを塗るなど、様々な問題を起こして長崎の役人ににらまれていた。

中でも、グラバーの反逆的態度を如実に示すのは、当時の国禁を犯して日本人の海外渡航に協力したことであろう。学問を志す日本の若者のイギリス留学のために、船舶その他の手配をすることによって自らの生命をも危険にさらした。

文久三（1863）年六月、南山手にグラバー邸が竣工したと同じ時期、長洲出身の若者が横浜からイギリスへ向けて密かに出国した。「長州五傑」として知られる五人はそれぞれ、内閣、外交、造幣、工学、鉄道の「父」として歴史に名を残す、伊藤俊輔（博文）、井上聞多（馨）、遠藤謹助、山尾庸三、野村弥吉（井上勝）である。同年十一月にロンドンに到着した五人は、ユニヴァーシティ・カレッジの法文学部へ聴講生の資格で入学。トーマス・グラバーの援助を受けて留学したというのは定説になっているが、グラバーの名前は関連資料に表れないので、彼は「黒衣《くろご》」に徹したと思われる。実際、駐日イギリス領事であったエイベル・ガウワー（Abel Gower）の斡旋とジャーディン・マセソン商会の協力を得て計画が成し遂げられ、渡英に必要な資金は長州藩主の手許金や麻布藩邸からに融資などにより確保された。

一方、翌々年の「薩摩藩遣英使節団」のイギリスへの派遣については、トーマス・

グラバーの役割は歴史の中にくっきりと刻まれている。後に大阪経済界の大黒柱となる五代才助（友厚）が率いる三名の視察係と十五名の留学生（薩摩藩第一次英国留学生）

伊藤博文（後ろ右端）と４人の長州藩士。1865年、英国にて
（長崎歴史文化博物館蔵）

に通訳一名の計十九人は、元治二（1865）年三月、グラバーが手配した蒸気船オーストラリアン号に乗り込み、薩摩の羽島沖から秘密裏に欧州に向けて旅立った。グラバー商会の従業員、ライル・ホーム（Ryle Holme）が現地案

五代友厚

内役として同行した。同年六月にサウサハンプトン港に到着した使節団は、イギリスのほか、フランス、オランダやベルギーを歴訪し、薩摩藩が確立しようとしていた産業施設の交渉を行い、慶応三（1867）年に予定されていたパリ万国博覧会への同藩の参加について協議した。

渡英した若い武士たちはその後、日本近代化の尖兵となり、政財界や産業界のリーダーとして活躍した。たとえどの道に進もうとも、またどのような成功を収めようとも、彼らのだれひとりとして、長崎のスコットランド人商人から受けた恩を忘れることはなかったであろう。

第三章

貿易商人から実業家へ転身

鹿児島紡績所の設立を全面支援した

薩摩藩は日本のなかでも、もっとも裕福で力を持った藩のひとつであった。藩域は九州南部の大部分を占め、その影響力は南西にある琉球の島々（現在の沖縄県）にまで及んでいた。薩摩藩の藩主、島津斉彬《なりあきら》は第一次アヘン戦争の後の中国に押し付けられた辛い譲歩を知り、鹿児島の本拠地付近の海岸警備を強め、「集成館」という産業施設を島津家の別荘がある磯の近くに建設する案を練っていた。斉彬は安政五カ国条約が結ばれた年に息を引き取ったが、彼の後継者はその意思を受け継ぎ、軍事力だけでなく産業力も、イギリスを始めとする諸外国と同等のレベルに立てるように拡大した。斉彬の弟で、薩摩藩の最後の藩主であった忠義の父にあたる島津久光は文久三（1863）年の薩英戦争で、英国軍の力を思い知ると攘夷政策を捨て、西欧と協力しながら薩摩の近代化を進める決断をした。

長崎海軍伝習所で学んだ薩摩藩士の五代友厚は、薩英戦争後に長崎に潜伏してトーマス・グラバーと懇意の間柄になった。元治元（1864）年、彼は薩摩藩に対して今後の国づくりに対する上申書を提出し、留学費用の捻出や機械の購入など、富国強兵の方法について提案した。島津公はこれに沿って薩摩藩の代表者と学生を含む十九名の使節団をイギリスに派遣し、産業施設を観察させることと、集成館のために機材を持ち帰らせることにした。先述したように、トーマス・グラバーはこの企画を全面的に援助した。

使節団の最初の目的地のひとつはランカシャー州、オールダムにある世界屈指の紡績機械メーカーのプラット・ブラザーズ社であった。薩摩藩にとって幸運なことに、イギリスは当時すでに寛大な経済政策を取り、かつては地元の同業組合に守り隠されていたマンチェスターの企業秘密も、金さえ支払えば誰にでも公開されていた。藩士たちはプラット・ブラザーズ社の梳綿機、紡績機と他の器具の購入契約書に調印し、鹿児島での導入作業の指揮、日本人学生の教育と建物のデザインの助言のために技師たちの雇用契約を結んだ。このとき、薩摩藩と契約を結んだ綿紡績の専門家、エドワード・Z・ホーム（Edward Z. Holme）が使節団に同行していたライル・ホームの兄であったこともおそらく偶然ではないだろう。

翌年、エドワード・Z・ホームは三人の同僚とともに鹿児島に到着し、日本初の紡績工場の建設準備を始めた。残り三人のイギリス人技師たちは船に機械装置を乗せて慶応三（1867）年一月に鹿児島に到着し、いわゆる「マンチェスターの七人」が集成館に集結して作業を開始した。後に駐日イギリス公使を務めたアーネスト・サトウは慶応三（1867）年初めに現地を訪れ、彼の日記にホームと当時紡績工場のデザインを任されていた技師のトーマス・J・ウォーターズ（Thomas J. Waters）のことに言及している。

〈海岸に上陸して磯の集成館を訪ねた。ここに滞在する外国人の名はJ・サットクリフ、H・ハリソンとN・シリングフォードである。前の二人は投機でやってきており、後者は一年の契約を結んでいる。ウォーターズは琉球の技師で、製糖工場の建設に携わっている。E・ホームは紡績技師でS氏と同じく磯に建てられる綿織工場での契約を結んでいる[38]〉

イギリス人の技師たちは一階建ての広い石造の工場に、イギリスから運ばれた機械に加え、動力源となる最新の蒸気機関の導入を監督した。木造二階建ての「技師館」も同時期に入居可能となった。二階のベランダにガラス窓、部屋の片側を広く感じさせるユニークな半八角形の突起と日本の伝統的な瓦屋根を持つ、当時の日本におけるもっとも美しい洋風建築のひとつであった。

エドワード・Z・ホームらの指導のもと、鹿児島紡績所は白シーツやその他の織物の大量生産に成功し、とくに高品質な物は大阪の市場に送られた。明治元（1868）年の長崎領事館管轄地区の動向に関する報告書では、長崎イギリス領事のマーカス・フラワーズ（Marcus Flowers）が鹿児島紡績所についてつぎのように説明している。

〈紡績工場はエドワード・Z・ホーム氏の管理のもとで、薩摩の藩主によって建設された。機械装置はイギリスから輸入され、既に良好な稼働状態であり、約二百三十人の地元労働者に仕事を与えている。去年の段階では、生産ではなく英国式の管理教育が主目的であったため、生産品の品質について言及することは困難である。ホーム氏によると地元の人間は類希な学習才能を発揮し、五、六カ月後には欧米人の助けなしに織機を使うことが可能になったということである。使用されている生糸は中国産と日本産の混合であり、これから紡がれる一級品の糸は十八ミュール、十六ウォーターと分類されており、この糸で織られる布は地元の好みになっていて、我々の「ドメスティック」にとてもよく似ている。以上は

通常の織り機に関することである。上質機は全く同じ質感のある布を生産しているが、地元好みの柄になっている〉[39]

紡績工場の稼働を見届けたエドワード・Z・ホームは、明治元（1868）年に鹿児島を去り、長崎居留地にいる弟ライルと合流した。彼がトーマス・グラバーやフレデリック・リンガーと会議をした記録はないが、同年十一月二日、彼はリンガーとともに、それまでグラバー商会がおこなっていた日本茶の輸出業を受け継ぐ声明を出して「ホーム・リンガー商会」という名の新会社を発足させた[40]。

この時期、トーマス・グラバーは貿易商から企業家への転身をはかり、フランシス・グルームおよびエドワード・ハリソンとの六年にわたる協力関係を解消した。グルームは上海で新たにジェームズ・ダウと組み、「グラバー・ダウ商会」を創設したが、トーマス・グラバーはこの事業には直接に関係していない。グラバー商会の不動産管理を担当していたハリソンは、イギリスへ帰国したと思われる。

一方、グラバーは以前の上司だったケネス・R・マッケンジーとパートナーシップを組み、西南部の有力藩主たちとの取引で培ってきた仲介役のノウハウを活かしつつ、大きな可能性を秘める日本の近代産業に目を向けた。

奄美大島の白糖製造工場

「集成館事業」を興した薩摩藩主島津斉彬は、奄美大島などの主な在来産業であった製糖に着目し、黒糖を精製して白糖の生産量を増やすべきだと主張していた。さらに、集成館事業の指導的な役割を果たしていた五代友厚は、奄美大島における従来の砂糖生産の製法はあまりにも稚拙のため、到底思うような利益が得られないと指摘し、西洋の機械技術を導入した産業の近代化と拡大を提唱した。その後、薩摩藩はトーマス・グラバーの援助のもと、技術者のトーマス・J・ウォーターズとそのイギリス人助手を近代的な白糖製造工場の建設と運営のために雇い入れた。アイルランド・オファリー州生まれのウォーターズは、香港造幣局の建設に関わり、元治元（1864）年ごろ、香港から鹿児島に渡り、叔父の知り合いだったグラバーの紹介で鹿児島紡績所などの工事に携わっていた[41]。

慶応元（1865）年、ウォーターズは役人や職人を伴って奄美大島に渡り、金久（奄美市）、須古（宇検村）、久慈（瀬戸内町）、瀬留（龍郷町）の四カ所で洋式工場建設に着手した。慶応2（1866）年には金久の工場が稼働し、翌年までには須古、久慈、瀬留の工場も完成して操業を開始した[42]。

白糖製造工場の建設が進んでいた慶応二（1866）年七月、長崎にいたトーマス・グラバーはジャーディン・マセソン商会香港本店の幹部に書簡を送り、奄美製の砂糖を上海へ輸出したことについてつぎのように報告している。

〈琉球属島のひとつ大島に、先般グルーム氏に対し貴殿が報告されたサンプルとよく似た砂糖が千五百ピクルございます。一週間前に出航したエリザ・メアリー号にて上海へ発送しましたので、その売上げをジャーディン・マセソン商会の薩摩藩勘定へ入れてください。今回の出荷は試みに過ぎず、そちらで良い値段がつくならば、大量の砂糖をお送りできるでしょう。来年には蒸気機関を備えた四つの工場が稼働するからです[43]〉

「ピクル」（漢字では「擔《タン》」）とは、中国や東南アジアで生まれた用語で、一ピクルは人夫が一回に運べる、つまり約六十キロに相当する重量の単位である。ちなみに、グラバーが上海へ送った白砂糖の最初の「サンプル」は九十トンもの量であった。このように、薩摩藩とグラバー商会による合同事業は軌道に乗ったが、白糖製造工場は、原材料や燃料の不足、台風被害、経営上の問題などの理由により早くつまずいてしまった。瀬留の工場は操業一年後、金久の工場は明治元（1868）年、須古の工場は明治二（1869）年、久慈の工場は明治四（1871）年にそれぞれ操業を停止している。

工場内部に設置された機械類はグラバー商会の関与によって島外に持ち出されたようだが、その行方は不明である。工場の建物は廃止後に付近の住民が建材である煉瓦や石材を持ち出し、自宅の礎石や石塀などとして再利用した。短命ではあったが、安政開港からわずか数年後に実現した奄美大島の白糖製造工場は、西洋技術の導入によって近代化をはかる西日本の藩と、東アジアの地域産業に投資するイギリス企業の共同事業として、世界史に注目すべき一節を書き加えた。

長崎の小菅修船場（ソロバンドック）

グラバー商会を含む長崎の外国系商社を介して購入された船舶の多くは、西洋で建造され中国海域で使用されていた中古船であった。そのために故障が絶えず、買い手が修理の問題に常々頭を抱えていた。本格的な修船場の必要性が叫ばれはじめた慶応二（1866）年、トーマス・グラバーは薩摩藩の友人五代友厚や小松帯刀《こまつたてわき》らとともに、南山手の先にある小高い丘のふもと小菅《こすげ》の小さな入江に大規模な修船場を建設する計画を練った。これは、日本の近代産業の発展におけるトーマス・グラバーの役割を示す典型的な例である。つまり、薩摩藩は土地や労働力を確保するなど日本側でのさまざまな準備を整える一方で、グラバーは海外から必要なすべての機器類を輸入し、それらの設置と日本人に対する操作の教育を指導する外国人専門家を呼び寄せる。まさに「二人三脚」たる協力体制の構築である。

グラバーが提案したのは、「パテント・スリップ」（patent slip）または「海上鉄道」と呼ばれる修船設備だった。これは、海岸線から海中に下る斜路上のレールに台車を走らせ、満潮時にその上に修理する船をのせ、蒸気機関を備えた引き揚げ装置により台車ごと陸上へ引き揚げる施設である。パテント・スリップは、乾ドックや浮きドックより便利で安価な手段として、十九世紀初頭にスコットランドの造船家トーマス・モルトン（Thomas Morton）によって発明されたものである。

グラバーは、すべての必要な機器および備品調達のため、アバディーンの兄チャールズに連絡を取る。当時、長兄チャールズは、弟のジェームズとともに保険代理店と海運業を兼ねた「グラバー兄弟商会」をアバディーンに創設し、長崎のグラバー商会代理人として弟トーマスに協力していた。チャールズは、巻揚げ機、ボイラー、チェーン、レールなど、長崎の修船場で使用するすべての機材をアバディーンの造船会社「ホール・ラッセル社」に発注した。さらに、それらの製品を長崎へ急送するために、アバディーンの別の造船所「アレキサンダー・ホール社」に依頼して五本マストの快走帆船を建造させた。

慶応三（1867）年末、ホール・ラッセル社の技師ウィリアム・ブレイキー（William Blaikie）は、「ヘレン・ブラック号」と命名された快走帆船とともに長崎へ来航し、数カ月間、小菅で機器設置の監督をおこなった。巻揚げ小屋建設に使用された薄手の「コンニャク・レンガ」は、三菱長崎造船所の前身である長崎製鉄所で焼かれた。

小菅修船場が完成したとき、長崎市民は、トーマス・グラバーが大浦海岸通りに試運転した蒸気機関車以来の見世物の恩恵にあずかることになる。巻揚げ機のエンジンがごう音を轟かせ、巻揚げ小屋の煙突から煙がもうもうと立ちあがる中、蒸気船が日本で初めてその全貌を現わし、日本の近代造船の夜明けが告げられた。

小菅修船場の開設を告げるグラバー商会の広告は、明治二（１８６９）年一月の英字新聞『ナガサキ・タイムズ』の第一面に掲載された。同新聞は社説の中でつぎのように報じている。

〈船台として使用される場所は、自然の力がその目的のために長年かけてつくり上げたかのようだ。進水台には、その大部分に天然の岩がそのまま利用されている。約百五十フィート（四十五メートル）の最深部にブロックを積み上げただけである。千二百トンクラスの船の収容能力があるこの進水台は、長崎港での現在の需要に充分に応じることができよう。工場および機械一式の設計施工を手掛けた有名な「ホール・ラッセル社」も、工事の大成功を聞き、必ずや喜んでいることだろう。蒸気船ナルト号の修理が先週木曜日の朝、無事に終わり、昨日はアルビオン号がドック

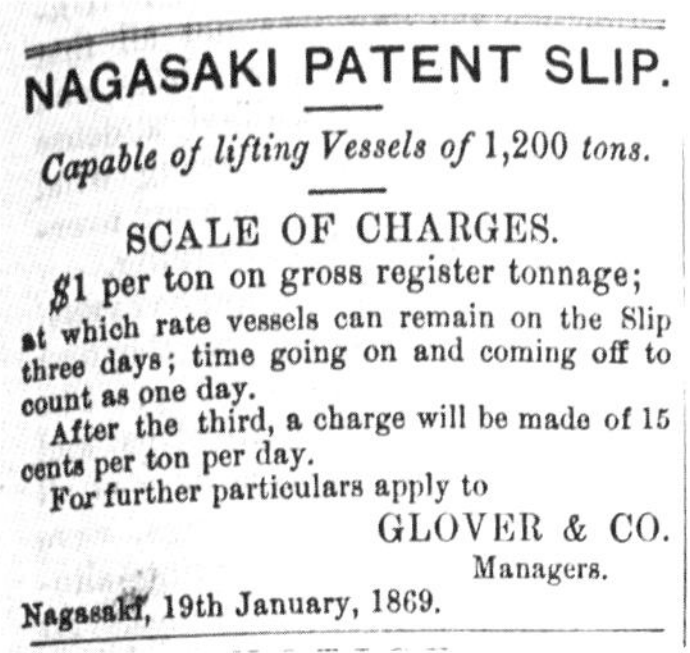

NAGASAKI PATENT SLIP.
Capable of lifting Vessels of 1,200 tons.
SCALE OF CHARGES.

$1 per ton on gross register tonnage; at which rate vessels can remain on the Slip three days; time going on and coming off to count as one day.

After the third, a charge will be made of 15 cents per ton per day.
For further particulars apply to
GLOVER & CO.
Managers.
Nagasaki, 19th January, 1869.

グラバー商会が英字新聞『ナガサキ・タイムズ』に出した小菅修船所の広告。明治２（1869）年１月19日付け。修理代は１トン当たり１ドルで、修理を受ける船は最長３日間ドックに停泊できると伝えている（長崎歴史文化博物館蔵）

に巻き揚げられた。他にも数隻の船が修理の順番を待っているので、経営の見通しは明るい[44]〉

小菅修船場は、外国人の間では通常の英語名称「パテント・スリップ」で通っていたが、日本人にはその形状のために通称「ソロバン・ドック」と呼ばれた。日本最初の近代的なドックは活気を呈し、修船場としてだけでなく、日本人造船技師の最初の訓練所としての役目も果たした。明治五（1872）年、明治天皇も数カ月にわたる西国御巡中に長崎寄留の際、小菅修船場の巻揚げ作業を見学している。

小菅修船場は発足当時、グラバー商会が経営を一任されていたが、明治二（1869）年十一月に明治政府により買いあげられ、政府雇用の外国人技師チームによって管理された。明治二十（1887）年には三菱に払い下げられ、急速な発展を遂げていた三菱長崎造船所に吸収される。

昭和二十八（1953）年、太平洋戦争後に建造される船舶が大型化していく中で、小菅修船場はその役目を終えた。同四十四（1969）年、国指定史跡とされた。さらに、平成二十七（2015）年には「明治日本の産業革命遺産：製鉄・製鋼、造船、

大正期の絵葉書にみる小菅修船場（著者所蔵）

石炭産業」の構成資産として世界文化遺産に登録されている。

今日、旧小菅修船場はもはや使用されていないが、日本最古のレンガ造りの建物である巻揚げ小屋やボイラー、レールなどがそのまま残っている。対岸には、世界最大の造船所のひとつに成長した三菱長崎造船所に今も稼働しているスコットランド製のジャイアント・カンチレバー・クレインが、国際貿易港長崎の多彩な歴史とトーマス・グラバーの貢献を象徴するかのようにそびえ立つ。

大阪造幣局設立への協力

小菅修船場建設などでトーマス・グラ

バーと手を組んでいた五代友厚は、慶応四（1868）年に明治新政府の参与職外国事務局判事を命じられ大阪勤務となり、大阪運上所（後の大阪税関）の長官となった。

政府は、徳川末期の貨幣制度を構築し直すために、近代的造幣工場の建設による純正画一的な新貨幣の製造が急務であった[45]。同年、トーマス・グラバーは五代に連絡をとり、閉鎖状態にあった香港造幣局の機械一式が六万ドルで購入できることを伝えた。このとき仲介役をつとめたのは前年からグラバー商会に勤務していたジョセフ・ヒコ（Joseph Heco）である。兵庫県生まれのヒコ（日本人名、浜田彦造）は十三歳のとき、五十二日間にわたり太平洋の海上を漂流した末にアメリカの船に救助され、その後アメリカで教育を受けてアメリカ国籍を取得。幕末に帰日した彼は、通訳などで活躍している。

ジョセフ・ヒコは後の回想録で、グラバーの提案を聞いた五代友厚は大層喜んだと述べ、その経緯についてつぎのように説明している。

〈数日たってから、五代氏は私を呼びに使者をよこし、日本政府は香港の造幣局をそっくり指定された価格で買いたい、その際、わが社には一定額の取引き手数料を見てくれる旨を告げた。大阪の土地に建物をたてて機械を据え付けるために、トーマス・ウォーターズ氏がやとわれた。こうして大阪造幣局は、きわめて安い費用で設立のはこびとなった[46]〉

慶応２(1867)年にグラバー商会に入社し、トーマス・グラバーの補佐を務めたジョーセフ・ヒコ（浜田彦造）（ヒコ氏の自伝より転載）

香港造幣局から購入された機械は、慶応四（１８６８）年八月二十九日、船に乗せられて大阪の天保山沖に到着した。設計監督のウォーターズは、煉瓦造り、煉瓦積み、ペンキ塗りなどの技術を日本人の職人たちに教えながら、造幣寮鋳造所や造幣寮応接所など、近代的な建物を竣工させた。地元大阪産の煉瓦や石材を使用したが、特殊な耐火煉瓦や西洋式の秤《はかり》など日本国内で調達できないものは香港から取り寄せ、その都度ウォーターズはトーマス・グラバーに相談した[47]。

明治四（１８７１）年四月四日に

造幣局の開局式が執り行われ、大阪の町は賑やかな祝賀ムードに包まれる。イギリス公使のハリー・パークスほか、当時の太政大臣で後に総理大臣となる三条実美を含む多くの日本政府高官が出席した。この年、日本初の統一された貨幣法規「新貨条例」が発布され、現在の「円」が誕生した。パークス公使は式後の祝宴での挨拶のなかで、トーマス・グラバーの功績に触れたかったに違いない。つぎにその一部を抜粋する。

〈現政府が手掛けた最初の事業のひとつである大阪造幣局の設立は、動乱の時代の容易ならぬ政治的難局のなかで行われ、建設用地の位置や政府の膝元からの距離等の不利な条件に加え、不可抗力である火災及び海難など、さまざまな困難を克服せねばならなかったことを忘れることができません。二年足らずでの悲願達成を目の当たりにして、本事業にかける日本政府の熱意に感銘を覚えると同時に、造幣指導の依頼を引き受けた外国の方々の誠実さと手腕にもまた敬服させられます。さらに、彼らが私の同胞であることを思うと、誇りの念を禁じ得ないのです[48]〉

イギリスでの軍艦建造をグラバーが受注

慶応三（1867）年、トーマス・グラバーは、長州藩から最新型の砲艦建造を依頼され、アバディーンにいる兄チャールズにその旨連絡した。チャールズは、小菅修船場の機材を運んだヘレン・ブラック号と同じアレキサンダー・ホール社に砲艦の建造を手配した。日本に向けて販売する目的でイギリスで建造された最初の軍艦である。

当時はまだ、藩による軍艦の購入は徳川幕府によって禁止されていたので、グラバーは日本の法律を破るだけでなく、いまだに幕府を支持していたイギリス海軍の反発も招くことになりかねない。しかし、それは無用な心配だった。「ホーショー丸」と命名された砲艦は、倒幕後の慶応四（1868）年七月四日にアバディーンで進水式が執り行われ、長い航海の末、全長三十六メートル、百七十三トン、三本のマストと大砲四門を装備したバーク型木製砲艦は、翌年一月二十五日に長崎港に到着した[49]。

同艦の長州藩への引き渡しについて、ジョセフ・ヒコはつぎのように回想している。

〈二月十三日。ホーショー丸に乗って大阪へ向かって出港した。ホーショー丸は長州公のためにイギリスで建造されたばかりの砲艦である。私はこの船を長州当局に引渡し、船の内金として五万ドルを受取らねばならなかった。長州から先は、この金を持って蒸気船ストーンチ号で神戸へ行くことになっていて、ストーンチ号は私たちの船と航海をともにした。長州の三田尻から長州公に、こちらが到着したという書簡を送ると、その翌朝には家老の杉孫一郎が通訳の山尾庸蔵〔伊藤博文や井上馨と共にイギリスに留学〕をつれてやって来た。一度試乗してみたのち彼らは船を引取り、五万ドルのところを三万五千両だけ私に支払った。私は直ちにあらゆる乗組員をホーショー丸からストーンチ号へ移乗させ、神戸に到着、金をわが社へ渡した[50]〉

同年始めに自社の再編成を実施したトーマス・グラバーは、ビジネスの拡大を期待して神戸と大阪に支店を開設し、その運営をケネス・R・マッケンジーに任せていた。無事に長州藩へ納入されたホーショー丸は、その後「鳳翔《ホウショウ》」と改名され、日本帝国海軍の六等艦として活躍した。

ホーショー丸がアバディーンから出航したころ、アレキサンダー・ホール社の造船所では、日本に向けて販売するもう一隻の軍艦が建造中であった。グラバー商会が肥後（熊本）藩から注文を受けた装甲コルベット艦「ジョーショー丸」である。トーマス・グラバーは、弟のアレキサンダーおよび友人のジョン・M・ジェームズ（John M. James）船長をアバディーンへ派遣し、軍艦の建造と銃類の装備を監督させた。ジェームズ船長は、日本へむけて処女航海するジョーショー丸の操船を担当することになった。

ジョーショー丸が明治三（1870）年一月七日に長崎に入港した朝、前代未聞の巨大軍艦を一目見ようと多くの市民が海岸に集まった。長崎港に停泊していた他の軍艦や商船は大きくてもせいぜい三百トン程度であったため、千五百トンを超えるジョーショー丸はまさに異彩を放った。肥後藩主は三十六万ドルという高額の値段でその購入を約束していた。トーマス・グラバーの側近ジョセフ・ヒコは早速、肥後藩の家老をジョーショー丸に案内したが、その様子について興味深いエピソードを紹介している。つぎに示す通りである。

〈一八七〇年一月十日に家老の溝口〔肥後藩財政と兵制改革につくした溝口孤雲〕が艦に出向いて、点検と引渡しをすませた。私は溝口とその下僚たちを艦に案内し

「ホーショー丸」

アバディーンのビクトリア・ドックに係留中の「ジョーショー丸」
（アバディーン海事博物館所蔵）

て、一同を船室に招き入れようとした。すると途端に溝口が歩を止めた。不審に思って見ると、彼は言った。「私は足を踏み入れるわけにはまいりませぬ。床の敷物には藩公の御紋章があります。敷物を上げさせていただきたい」。そこで私は、やむを得ずジェームズ艦長にそうするようにと言った。肥後の一行が陸に帰ってから、ジェームズ艦長は私に、実はあの藩公の紋どころを織り込んだ絨毯とテーブルクロスは、日本人が大いに喜んでくれるだろうと思って、社長が特別に注文したものだと語った。しかしせっかくの社長の行為も、またも東洋と西洋との見解の相違の好例となったに過ぎなかった。日本では昔から、藩公の紋どころはその家臣や民衆にとっては神聖なものであり、家臣や民衆はこれを軽々しく扱ってはならなかったのである〉[51]

ジェームズ船長が語っていた「社長」とは誰なのか不明だが、日本文化に精通して藩主たちと懇意な関係を持つトーマス・グラバーではなく、来日経験のない兄チャールズまたはジャーディン・マセソン商会の幹部を指しているかもしれない。同年四月七日の引き渡し式では、グラバーやその他多くの関係者が見守るなか、ジョーショー丸から礼砲が放たれ艦旗が取り替えられた。日本人乗組員たちは同船とともにしばらく長崎に留まり、操船方法やイギリス海軍式の軍事訓練などの指導を受けた。同年、コルベット艦は肥後藩から帝国海軍へ献上され「龍驤《りゅうじょう》」と改名された。

規模に於いて他の艦船を遥かにしのぎ、日章旗を翻しながら勇壮に走るこの軍艦は、新規に編制された日本帝国海軍の誇りであった。明治四（1871）年十一月、現在の品川沖に碇泊中の龍驤を公式訪問。乗船した天皇は、二十一発の皇礼砲と西洋風の軍楽隊の演奏に迎えられ、将校始め全乗員が緊張する中で視察を終えた。同月末、天皇は横須賀港での造船所訪問の際に龍驤を利用し、また、明治五（1872）年夏、数日間の長崎訪問を含め、三カ月にわたる西国御巡幸中、同艦を御召艦とした。その際、九隻の随伴艦の中、春日、孟春、鳳翔、雲揚、第一丁卯、第二丁卯の六隻がグラバー商会が納入したものであった。

奉迎委員会に名をつらね、天皇の御召艦に変身した龍驤の勇姿を二年ぶりに見たトーマス・グラバーは、さぞかし感慨無量であったに違いない。龍驤は明治二十六（1893）年に就役を解かれるまで、佐賀の乱、台湾出兵、西南戦争などに従軍し、日本帝国海軍の重要な切り札となった。

高島炭坑開発に佐賀藩を説得して成功

石炭は、元禄八（1695）年、長崎港口の高島で偶然発見されたと伝えられている。五平太という男がたき火を燃やしているとき、木の下の黒い岩までがアカアカと燃え出すのを見て腰を抜かした。これが石炭発見の始まりで、高島を領地としていた肥前（佐賀）藩は採炭して、有田と伊万里での陶器製造や海水を煮詰めて塩を取り出すための燃料に利用した。

当時の採炭方法は稚拙なものであった。地表から突き出ている炭層をつるはしで削り取り、それを人夫が小さなかごで運んだ。幕末のころまでには、相当な深さまで掘り進んだ坑道もあったが、換気は自然の通風に頼り、安全対策は何ひとつなく、水が坑道にしみ出ると、そこをあきらめ、別の炭層を探した。採炭過程で費やされる時間と労力を考えると、この方法で掘り出される石炭は安価な燃料とはいえなかった。

嘉永七（1854）年に長崎を訪れたイギリス東インド艦隊司令長官ジェームズ・スターリングは、和親条約締結に関する徳川幕府の返事を待っている間、長崎港周辺を探索して高島における石炭掘りの現場を目撃している。長崎訪問を取りあげたイギリスの新聞が、高島における石炭掘り出し現場を長崎港の地図に「COAL」（石炭）で

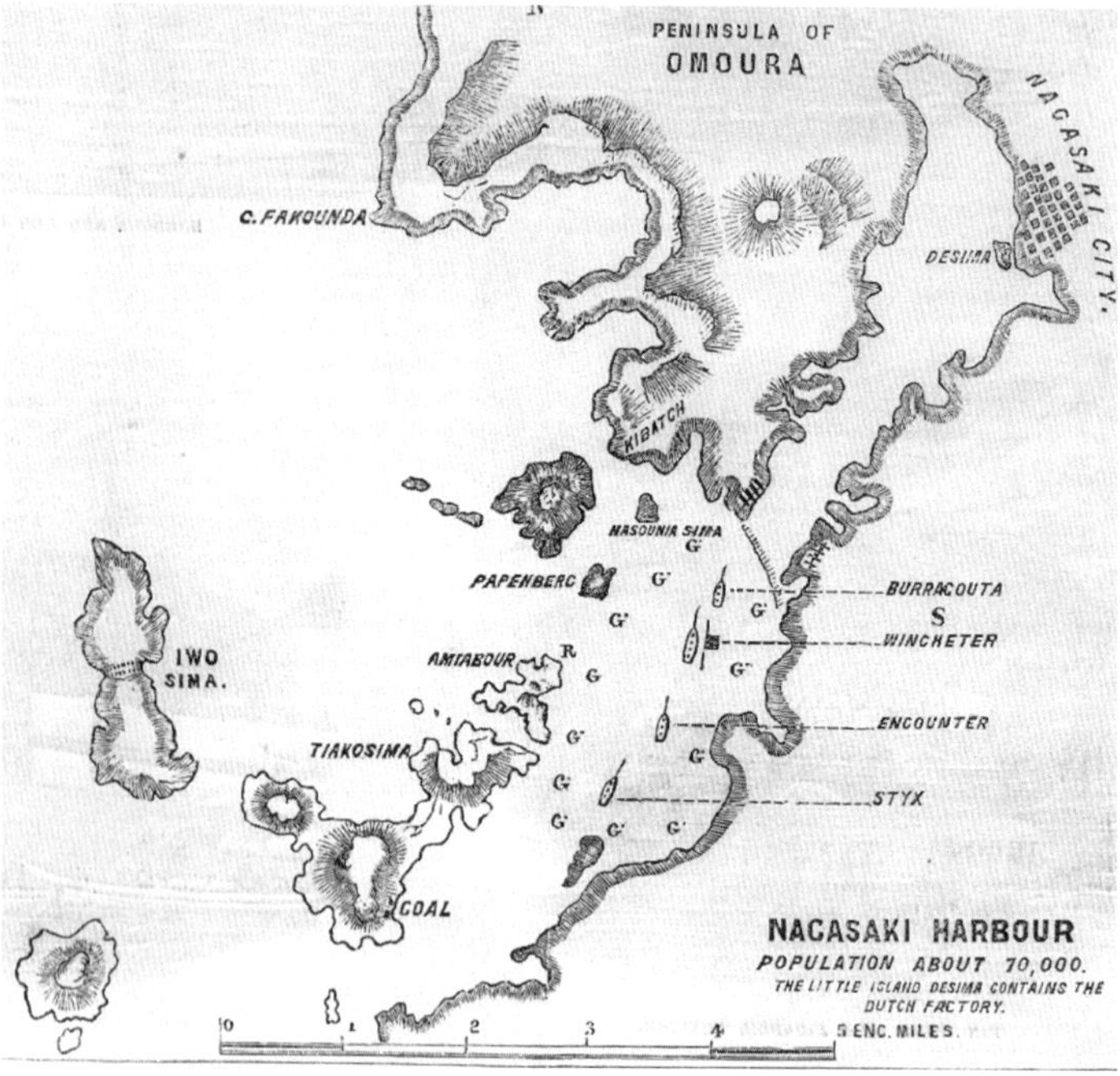

イギリスの新聞『イラストレーテド・ロンドン・ニュース』に掲載された長崎港の地図。高島の採炭現場を示す「COAL」(石炭)の文字が記されている(著者蔵)

示すほど重要な発見であった[52]。その理由は、工場の動力、蒸気機関車や蒸気船の燃料など、石炭はイギリスにおける産業革命を支えた不可欠なエネルギー源になっており、日本の発展を約束するものだったからである。

安政開国後、長崎イギリス領事は、有望な新産業として高島炭坑の開発を長崎奉行に持ちかけたが、奉行は肥前藩の領土だから管轄外だといってその提案に耳を傾けようとしなかった。安政六（1859）年夏に長崎の仮領事に就任したC・P・ホジソン（C.P. Hodgson）は、江戸のイギリス公使に送った初期の報告書でつぎのように石炭に言及している。

〈日本の炭田は未開拓ですが、豊かで広大なものと思われます。日本政府の近視眼的な警戒心が少しほぐれて、イギリス人が独自の企業心と勇気をもって条約によって定められた十里の範囲を超えて自由に活動することが許されると、または賢明な藩主が西洋の強力な国と明確で別個の条約を締結することを決めたら、機械化に不可欠なこの燃料は大量に掘り出され、そしてイギリスの炭坑と同等な価格で販売されることになるでしょう[53]〉

石炭に関するホジソン領事のコメントは予言的だった。維新の足音が聞こえるころ、グラバー商会と肥前藩は、西洋の機器導入による採炭方法の改善について話し合った。近代化と工業化の波が押し寄せる中で、石炭の需要が伸びるのは火を見るよりも明らかであった。この時も、ジョセフ・ヒコがグラバー商会と肥前藩の間の橋渡し役になった。その経緯について、ヒコがつぎのように述べている。

〈あるイギリス商社〔グラバー商会〕のパートナーから依頼を受けて入社した私は、幾つかの特典を与えられ、給料をもらい、接待のための手当を受けることになった。ある日、M氏〔ケネス・R・マッケンジー〕という六十五歳の老紳士が私に、高島炭坑の持主たる藩公〔肥前の鍋島公〕の家臣の誰かに面識はないかと尋ねた。私は、幾人か知っていて、その中には産物の支配人もいると答えた。「それならまことに好都合です」とM氏はいった。

「不在している私の相棒〔トーマス・グラバー〕は、以前から幾らかかっても、あの炭坑を手に入れたくて仕方がなかったのです。何しろこの高島の石炭は東洋で最優秀といわれていますからね。ひとつ、あなたの友人の支配人を通じて、持主の藩公に何とか話をつけるよう、お骨折りいただけませんか」

私は、友人の役人に申し入れてもらいたいと言われることを、文書にしていただいた方がいいのだと答えた。（略）私は、この文書を松林〔肥前藩の松林源蔵〕に見せ、商社のためにできるだけ努力していただくように頼んだ。松林は、高島は肥前の分家が所有し、運営しているから手に入れることは難しいかも知れないと説明した上で、「しかし私は、この件について老公にお目通ししましょう。老公は聡明で、こうした事柄には理解が早いから」と言った。そして松林は一件をメモして、直ちに佐賀へ発った。その結果、数カ月たつと例の商社〔グラバー商会〕が希望していたところとほとんど寸分たがわず、話がついてしまった[54]〉

慶応三（1867）年、グラバーは香港へ足を運び、ジャーディン・マセソン商会の幹部と会い、新規事業への資金援助を申し入れる。その足で短期間の予定で故郷アバディーンへ帰り、採炭用の機器購入とイギリス人技師の雇用に奔走した。日本への帰航の際、グラバーは長崎での事業を手伝わせるために十七歳の弟アルフレッドを連れていた。

翌年六月、高島での新規採炭事業に関する契約がグラバー商会と肥前藩の間で交わされた。炭坑の利益を同等に折半することが決められたが、グラバーは、すでにおよそ七十万ドルで購入していた炭坑開発に必要な機材をそのまま供給することに加え、肥前藩に産出石炭一トン当たり六十六セントの鉱山使用料を支払うという条件が盛り

明治時代の高島・北渓井坑（長崎文献社所蔵）

込まれていた。その上、七年後に契約が終了すると炭坑は肥前藩に完全に帰属することも約束されていた。しかし、不利な条件にもかかわらず、トーマス・グラバーは高島炭坑の将来と自社の発展に対して常に楽観的であった。明治二（1869）年四月、地下およそ四十五メートルのところに広大な炭層が見つかった。輸送用レールが坑口から波止場まで敷かれ、蒸気機関、巻揚げ用ケーブル、給水ポンプが設置されて日本最初の近代的炭坑が操業を開始した。

明治二（1869）年秋、高島炭坑は順調に操業を続け、石炭の需要も急増していた。しかし、高島炭坑の成功にもかかわらず、暗雲が立ち込めていた。他の事業で赤字を出していたトーマス・グラバーが手を広げ過ぎていると判断したジャーディン・マセソン商会は、あらゆる債務の清算を迫った。グラバーは、友人のオランダ貿易会社代表A・J・ポードイン（A.J. Bauduin）から資金を借り入れ、明治三（1870）年五月に債務の肩代わりに関する合意書に調印した。この合意書では、グラバーがオランダ貿易会社に対する債務総額約五十万ドルを年利十五％にて明治六（1873）年一月三十一日まで返済することが約束された。高島炭坑におけるグラバーの利権とすべての機器に対する所有権および利潤の半額分が抵当にされた。

結果として、グラバー商会のすべての活動がオランダ貿易会社の管理下に置かれてしまった[55]。

第四章

グラバー商会の倒産と債務整理

莫大な負債

明治維新の世直しの波に呑みこまれるように、江戸時代の封建制度は廃止され、大名に代わる知事が俸給をもらって各地を治めるという現在の制度になった。元大名たちは先祖代々支配してきた土地を手放し、新政府の組織のなかで知事または高官の地位につくことを余儀なくされた。当然のことながら、元大名の多くは外国人商人たちへの借金の返済に窮した。

自転車操業状態に陥ってジャーディン・マセソン商会から融資を拒否されたトーマス・グラバーは、明治三（1870）年八月二十二日、長崎イギリス領事館法廷で破産を宣告された。同年九月十六日、債務者会議が開催され、グラバー商会の負債総額は六十八万ドルを超えることが判明した。トーマス・グラバーの手元に残っていた現金はわずか千ドルたらずであった[56]。最悪の状況にもかかわらず、トーマス・グラバーは希望を捨てず、高島炭坑の成功を確信しつづけていた。債務者会議に立ち会った新聞記者は、破産宣告に対するグラバーの反応についてつぎのように述べている。

〈領事館で開かれた公式の会合で、最後まで熱意を失わないT・B・グラバー氏

トーマス・グラバーがジョーセフ・ヒコに贈呈したサイン入り大判
（ヒコ氏の自伝より転載）

は、炭坑の現業を無報酬で監督する旨を自ら進んで申し出たが、どうやら彼自身は、炭坑の最終的成功をさして心配していない様子である[57]〉

倒産の年のクリスマス、トーマス・グラバーは、高島炭坑やその他グラバー商会の事業に尽力していたジョセフ・ヒコ（浜田彦蔵）に大判を贈り、つぎのような献辞を万年筆で表面に記入している。

〈私T・B・グラバーは、肥前藩主からいただいたこの大判を、真の友情と、万能のドルを求めて度々一緒に努力したことを記念してヒコ氏に贈呈します〉

「万能のドル（Almighty dollar）」とは、物質的な富を神と同等に評価するという考え方を風刺する言葉だが、グラバーが自社の倒産で味わった悔しさを込めて使っているようだ。それにしても、金銭的に最も困窮している時に、高価な大判を友人に贈るトーマス・グラバーのスケールの大きさを感じずにはいられない。

　グラバー商会のオランダ貿易会社とジャーディン・マセソン商会に対する負債額が五七パーセントを占めていたが、アバディーンのグラバー兄弟商会に対する借金も百二十五万ドルという高額にのぼり、トーマス・グラバーにとって特に大きな苦悩の源であったに違いない。兄チャールズを通じてアバディーンで建造させた軍艦「ジョーショー丸」（のちの龍驤）が大きな原因のひとつである。スコットランドのシティー・オブ・グラスゴー銀行から受けていた二十万ポンドの融資は未返済のままだった。同艦は、明治三（1870）年四月、三十六万ドルの約束で引き渡されたが、買い手の肥後藩は相当額の穀物で費用を段階的に支払いをしたいと申し出て、グラバーは銀行への返済ができなくなってしまった。グラバー商会の倒産は長崎に留まるトーマスのみならず、グラバー家の全員にとって大きな挫折となった。

上記の債務者会議の決定により、オランダ貿易会社が高島炭坑の操業を継続し、石炭販売からの収益によってグラバー商会の負債を償還し、残額はオランダ貿易会社とその他の債務者の間で債務額に応じて配分することとなった。資産はできるだけ売却して同じく債務返済にあてられた。一方、オランダ貿易会社はトーマス・グラバーに高島炭坑の経営をまかせ、その専門知識と事業への熱意を最大限に活用することにした。

グラバー商会の短い歴史は、花火が色鮮やかに夏の夜空を染め、あえなく消えて行く様に似ている。しかしわずか九年間に、同商会は新しい世代のために外国貿易の道を明るく照らし出し、十九世紀後半、日本が国際社会へ雄飛するための明確な道標を残した。

スコットランド人の歴史家で、トーマス・グラバーを「スコッティシュ・サムライ」と称えたアレキサンダー・マッケイ（Alexander McKay）氏は、グラバー商会の光と影について下記のように考察している。

〈グラバー商会が急成長した一時期にはジャディン・マセソソ商会やオランダ貿

易会社といった巨大資本も、この極東の貿易界に出現した新現象を視界にとらえて奮起させられたことがあった。グラバーの会社に射しかけた好運の星の光は、煌々と光輝を放ったのちに消え去ったのであった。運転資金が基本的に不足していたこと、限られた資金を繰り返し自転車操業せざるをえなかったことが、なによりも彼を破産に追いこんだ敗因であった。グラバーは、じっと座して富がひとりでに蓄積するままに任せておけなかった。彼は、あり余る活力に駆られて、つぎからつぎへと大きな事業計画に着手した。彼は、いくつかの好運を勝ち取る一方で、いくつかの好運を取り逃していた。綿密な計画が欠如していた上、日本では物事があまりにも速足ですぎていった。彼は、偶然の波に乗って巨万の富を築き、そしてそれを失った。彼は叛逆者に資金を融通したり、事業の優先順位を絶えず変更したりと、その時々に応じて本能的に、また必要に迫られて行動した。皮肉なことに彼の炭坑は、のちになって「確実な富の源泉」であることが判明し、日本の産業革命のために多額の資金と大量の燃料を供出することになる。彼のスリップドックと商船は、両分野における日本の来るべき世界制覇に先駆けることになった。彼の戦艦群は、その後太平洋のあらゆる海域に、またその先の海域に

も触角を伸ばすことになる強力な日本帝国海軍の中軸となった[58]〉

他方、経済史学者の杉山伸也氏はグラバー商会の崩壊についてつぎのように分析する。

〈1860年代半ばにグラバーが急激に事業規模を拡大することができたのは、幕末・維新期の流動的な政治状況をうまく利用できたからである。しかし、それがジャーディン・マセソン商会やオランダ貿易会社など外部からの融資にささえられた、多分に背伸び的なものであったことからすれば、グラバー商会の倒産はむしろ当然の帰結であるといえるかもしれない。（略）グラバーが夢にみた明治維新の政治的成功は、グラバーのビジネスの終焉でもあった[59]〉

子供の誕生

トーマス・グラバーの私生活は、彼の事業活動と同様に複雑だった。若いときから数人の日本人女性と交際しながらも、生涯正式な結婚をしなかった。実際、彼の日本語能力、日本文化への理解、また幕末の武士たちとの信頼関係を築く力も、日本人女性との親密な接触と彼女たちから得た知識に少なからず起因していると思われる。

長崎の郷土史家、古賀十二郎によると、長崎来航の翌年にグラバーは寄合町の遊郭「筑後屋」に所属する遊女菊園を自宅に呼び入れた。翌文久元（1861）年、菊園は男の子を生み、梅吉と名づけた。しかし、赤ちゃんは麻疹を患い生後四カ月で他界し、小島郷雲通原墓地に埋葬されたという[60]。グラバーと菊園の関係や、子供の死後に彼女がたどった運命は不明である。さらに、長崎イギリス領事館の誕生録に、慶応元（1865）年九月に生まれた「ジョン・グラバー」という記載は見られるが、後に取り消され、父親も母親も名前が記されていない[61]。明治元（1868）年の『外国人支那人名前調帳』に「南山手甲壱番英マッケンジ借地にトヲマス　ゴロウル　同妻」という記載がある[62]。グラバーが「妻」と申告しているからには、一過性の女性とちがい、結婚こそしていないものの、生活の伴侶と見なしていたようである。彼女の名前は記されていないが、後にグラバーの息子新三郎（後の富三郎）を産んだ加賀マキがこの史料のいう「同妻」と思われる。

長崎市役所に保管されている戸籍によると、加賀マキは明治三（1870）年十二

淡路屋ツル（長崎歴史文化博物館蔵）

月八日（新暦1871年一月十六日）に男子を出産したことが示されている。グラバー商会破産の数カ月後のことである。この子は新三郎と名付けられ、学校に上がるころまで実母のもとで暮らしたようだが、資料が乏しい。トーマス・グラバーの名前は戸籍に記されていないけれども、彼が父親だったことには疑問の余地がない。

その後、グラバーは加賀マキと別れて淡路屋ツルという日本人女性と結ばれるが、その経緯も歴史の闇に埋もれている。現在長崎市役所に保管されているツルの戸籍によると、彼女は大阪市新町の「大月又助」の長女として嘉永四（1851）年一月九日に生まれ、その後「淡路屋安兵衛」の養女になったと記されている。しかし、戸籍は明治二十七（1894）年に作成され、ツルが四十三歳になってからのことである。タイミングを考えると、同戸籍は当時、日本国籍を取得しようとしていた子供たちを助けるために一部創作された可能性が高い。

昭和二十四（1949）年、旧国鉄職員で小倉在住の野田平之助なる人物が、ツルの義理の曾孫として名乗り出て、新聞記者にツルの略歴についてつぎのように伝えている。

〈大分県竹田村岡城御普請大工中西安兵衛の娘としてツルさんは生まれ、十五歳の時同町の山村國太郎と結婚して山村ツルと名乗り文久三年娘センを生んだが、しゅうととの折り合いがわるくそのうえ夫國太郎の乱行にたまりかねて離婚して大阪で一年ばかり芸者をしたのち長崎に渡り、ここでも芸者をしているうち、当時の三菱造船所の技術顧問をしていた英人グラバー氏と結婚、東京で四十九歳を最後として華やかな環境の中に死んで行った[63]〉

「三菱造船所の技術顧問」の誤認は別として、これは信用に値する率直な供述に思える。しかし、昭和四十七（1972）年に発表した著書『グラバー夫人』の中で、野田氏は発言を翻し、ツルは大分出身でも芸者でもなく、大阪の生まれで、竹田（大分県）の殿様が参勤交代で帰国のとき、お供して竹田に来て、明治維新の動乱の中で政治的な忠誠心から日本人の夫や娘と別れ大阪に戻ったと主張している[64]。新しい供述は、ツルが明治二十七（1894）年に作成した戸籍を見た上で書かれたようだが、具体的な裏付け史料などは提示されていない。

戸籍に匹敵する公文書など、信頼できる第一次資料が現れない限り、ツルの家系やトーマス・グラバーとの出会いについて明確な結論は難しい。しかし、二人は死によって永遠の別れの時まで寄り添いつづけたのは確かである。ツルは明治九（1876）年八月八日に娘ハナを出産しているので、その折に新三郎を養子に引き取り、一家が長崎の一本松邸に落ち着いたと考えて差し支えないだろう。

その後の高島炭坑――石炭の品質は高評価

自社の倒産後、トーマス・グラバーは、家具などが競売にかけられた大浦海岸通りのグラバー商会事務所から出島のオランダ貿易会社に籍を移し、高島炭坑の経営に専念する日々を送るようになった。弟たちのアレキサンダーとアルフレッドは高島炭坑に勤務し続け兄の債務返済に加勢した。長崎イギリス領事は、明治三（1870）年、高島炭坑は総産出量三十万トンで十二万六千ドルの売り上げがあって順調に操業していると報告書に記している[65]。しかし他方では、初期の高島炭坑における経営のずさんさと機械類の不備が指摘された。グラバーが第一立坑を掘削した際に掲げた目標はできるだけ早く多くの石炭を掘り出して販売することであったため、将来のための計画や設備投資がおろそかになった。

一本松邸の庭でテニスを楽しむ居留者たち。グラバーは芝生に座っている右から2人目。左から2人目は高島炭坑に勤めるイギリス人技師フレデリック・ポッター(ポッター・アルバム、長崎大学附属図書館蔵)

明治四(1871)年初頭、オランダ貿易会社はイギリス出身の鉱山技師フレデリック・ポッター(Frederick Potter)を採用し、高島炭坑の採掘場の拡張と石炭の増産をはかった。同年十二月十二日付けの手紙で、トーマス・グラバーは、長崎イギリス領事マーカス・フラワーズに対して、肥後の温泉を訪れるための通過許可書を長崎県当局に依頼してほしいと協力を求めた。その理由は「健康のため」だった。当時、外国人は条約の規定により、北は時津、東は茂木に及ぶ天領の境界を越える際、政府発行のパスポートを取得しなければならなかった。旅行の記録は残っていないが、おそらくグラバーは幕末期によく歩いていた道をたどり、茂木から橘湾を渡り、天草やその他の地域の旧友たちとの再会を楽しんだことだろう。

十二月三十日、グラバーは再びフラワーズ領事に手紙を送った。今回は、日英関係から条約の改正、貿易、炭坑を含む産業、居留地の借地料や中国商人との不平等な競争に至るまで、さまざまな問題に関連する自分の意見を綴った、八ページにわたる手書きの手紙である[66]。その中で、彼は現行の条約は日本人にとっても外国人にとっても公平で有益であり、改正は当面不要だろうと述べた。自社倒産後も、海外貿易の動向と日本の事情に高い関心を持ち、常にアンテナを張っていたことが分かる。専門分野の石炭産業については、高島の上質な石炭が豊富にあるのに外国炭が依然として輸入されている現状を批判した上で、つぎのように言及している。

〈貿易のすべての法則に反しています。すなわち軍艦、商船、どちらであるかを問わず日本の蒸気船は、遠国から燃料を調達する事態を余儀なくされています。日本が適正な諸設備を提供し、資本家に投資を促し、鉱山技師にはこの国の鉱山地区の開発を奨励できれば、東アジア全域に十分供給できるだけの良質の石炭を産出しうる条件をそなえています。そうなれば日本人も外国人も無数の便益を得ることになります。（略）多数の日本人が技師または機械工として、格好な職業と満足のゆく給料にありつけるでしょう。そのこと自体が、日本にとっては現時点においても、また大勢の働いていない侍たちが職にありつくまでの長期間にわたっても、そのこと自体が重要な問題でありつづけるでしょう。なお私の個人的見地からすると、商人階級に属さない彼らにとって、機械の管理、労働者の監督、あるいはその他の炭坑に関連した数多くの責任ある任務ほど、やる気を起こさせると同時に適した仕事はありません〉

高島産の石炭に対する高い評価を証明するために、トーマス・グラバーはイギリスへサンプルを送って化学分析を依頼した。その結果、高島炭がニューカッスル産の石炭に比べ、炭素および水素含有量において勝れ、硫黄分が少ないことが証明された。明治6（1873）年、高島とイギリス産の石炭をそれぞれイギリスの軍艦アドベンチャー号に使用して、品質比較テストをおこなうと、またもや高島炭に軍配が上がった。つぎは同艦機関長の公式報告の一部である。

〈高島炭は低燃焼スティーミング〔蒸気発生〕に関しては、すべての点において平均的ウェールズ炭と互角であり、イギリス北部炭や私がこの機関室で燃やしてきた他の如何なる石炭よりもはるかに勝れている。排出される灰、クリンカー、すすが少ないために、長航海の場合はウェールズ炭よりもまさっており、北部炭などはその足もとにも及ばない[67]〉

しかし、地元炭の優位性が証明されても、「鬼の島」と呼ばれる高島が抱える諸問題は安易に解決できるものではなかった。坑夫たちの今にも爆発しそうな不満は、日本最初の本格的労働争議といわれている明治五（1872）年の労使間の紛争に火をつけ、翌年には最悪の状態となり、血なまぐさい暴動によって数十名の生命が奪われる多大な被害が出た。外資排除の方針をかためていた明治政府は、明治六（1873）年に日本坑法を交付し、外国人の日本国内における鉱山所有権を法的に禁止した。そして翌年一月、オランダ貿易会社に洋銀四十万ドルを交付して高島炭坑の利権を買収した[68]。いったん買収された同炭坑は、土佐藩出身の後藤象二郎が社長を務める蓬莱《ほうらい》社《しゃ》に払い下げられた。経営者交替後も、イギリス人技師や監督官などは、以前の地位のままで炭坑に残った。

長崎居留地の管理、運営に手腕

高島炭坑と直接的な関係を失ったトーマス・グラバーは、長崎居留地の自治会の議長や長崎クラブの書記を務め、外国人社会で主導的な役割を果たし続けた。ボーリング、テニスや「レガッタ」と呼ばれるボートレースなど、居留地のスポーツやレクリエーションにも積極的に参加した。レガッタの様子を伝えた英字新聞の記事にグラバーの名前がしばしば登場する。明治三（1870）年春に行われたレガッタでは、「帆船レース」や「オール六本の手漕ぎボートレース」などを含むさまざまな競技が設けられていた。「オール四本のアマチュアギグレース」では、商船や軍艦に積載され、陸との交通に用いられたた「ギグ」と呼ばれる五人乗りの小型ボートが参加。このレースで栄光をつかんだのは、トーマス・グラバーとフレデリック・リンガーがそれぞれ漕ぎ手と舵取りを務めていたパシフィック・メール蒸気船会社の船であった[69]。

一方、グラバー商会の債務整理は1870年代前半までだらだらと長引いていた。オランダ貿易会社の管財人は、多岐にわたるグラバーの負債を解決することと、グラバーの恩恵を受けていた日本人が未だに返済していない借金の回収に苦労していた。長崎県知事にあてた明治七（1874）年八月八日付の手紙で、困り果てた管財人はイギリス領事を介して、グラバーの援助で密かに海外へ渡航していた徳山藩の藩主一行から未払いの借金を回収するための協力を要請した[70]。他方、同年一月三十日、グラバーは財産整理の一環として南山手三番地（一本松邸）の借地権を弟アルフレッドに譲り、さらにその翌日にオランダ貿易会社へ譲渡した。グラバーの側近であったアイルランド人技師T・J・ウォーターズが五千ドルを融資して再びアルフレッドの名義に戻ったが、その間、同住宅はグラバー家の所有でなくなっていたことになる[71]。グラバー商会のすべての債務整理は明治十（1877）年二月に終わり、三十九歳になったトーマス・グラバーはやっと借金地獄から解放されるのであった。

後藤象二郎が経営を続ける高島炭坑では、北渓井坑《ほっけいせいこう》と呼ばれる最初の立坑が明治九（1876）年初めに浸水したため、新しい立坑を掘削することになった。工事の監督に抜擢されたのは、お雇い外国人として北海道の茅沼炭坑、佐渡島の金山および東京の品川で日本初の近代ガラス工場の開設に協力していたイギリス人技師、エラスムス・H・M・ガウワー（Erasmus H.M. Gower）であった。イギリス領事エイベル・ガウワーの兄である彼は、この機会に長崎居留地に移り住み、後にフレデリック・リンガーの義理の父になる[72]。ガウワーが居を構えた南山手乙27番地の石造り洋風住宅は、現在も長崎市によって保管されており、「南山手レストハウス」として一般公開されている。

エラスムス・H・M・ガウワーやその他の従業員の努力にもかかわらず、蓬莱社による経営は期待されていたほど順調には行かなかった。後藤象二郎は十分な資金を調達できず、旧グラバー商会と相も変わらずジャーディン・マセソン商会からの融資に頼らざるを得なかった。しかし、彼は契約を履行できず、同商会に訴えられるという羽目になった。下記の民謡は当時、高島の坑夫たちの間で流行ったという。

金でかためたグラバーさんの納屋も
ひとつ間違やみなごろし
アラショカネ、ショカネ

トーマス・グラバーと後藤象二郎を描いた風刺画。案内板には「高島炭坑へ」と記されている（『ジャパン・パンチ』、1879 年 4 月号）

金でかためたグラバーさんの庭も
炭坑崩れでグーラグラ
アラショカネ、ショカネ

官のお山じゃ炭坑は立たぬ
もとのグラバーに戻しておくれ
アラショカネ、ショカネ

これは実に予言的な歌であった。グラバーは明治十三（1880）年から後藤の経営する高島炭坑の支配人になった。当時、長崎―東京間を行き来していたグラバーは、少なくとも前年初頭は長崎に滞在していた。同年二月、グラバーがイギリスの軍艦設計技師で政治家のエドワード・ジェームス・リード（Edward James Reed）を長崎で接待したことが英字新聞で報告されている[73]。リードは蒸気船が主流になる時期の近代甲鉄艦を完成させ、初期の日本帝国海軍とも密接な関係があった。コルベット艦「金剛」と「比叡」、また甲鉄艦「扶桑」の設計を一任され、明治十二（1879）年、イギリスで建造された同船の回航時に家族を連れて日本を訪問している。二月十一日から十四日まで、グラバーは、リード氏と一緒に来崎していた海軍卿川村純義一行を歓迎し、立神の官営造船所の視察や高島での屋外食事会など、手厚くもてなした。詳細は不明だが、この訪問へのグラバーの関与は、長崎と世界の橋渡し役だけでなく、コルベット艦「龍驤」の納入から始まる、彼の日本帝国海軍との長年の関係を物語っている。

同じ明治十二（1879）年、ユリシーズ・S・グラント（Ulysses S. Grant）元アメリカ大統領夫妻が世界旅行の途中で長崎に寄港することとなり、トーマス・グラバーは長崎居留地の外国人たちが結成した歓迎準備委員会の会長に選ばれた。六月二十一日に長崎に到着したグラント夫妻は、長崎市民から熱烈な歓迎を受け、グラバーを始め数名の外国人住民も晩餐会に招待された。滞在中に諏訪公園での記念植樹が行われ、その際にグラント元大統領から内海忠勝長崎県令に渡された手書きのメッセージが、後に植樹した木の傍らに建立した石碑にそっくり刻まれ、現在もそのまま残っている。英語原文の下に刻まれた日本語訳は「県令内海忠勝君ノ需ニ応ジ余室家ト与ニ各自樹木一株ヲ長崎公園ニ栽植セリ冀クハ双樹繁茂シ永遠ノ寿ヲ保チ以テ日本ノ将来ヲ表明センン事ヲ」となっている。

高島炭鉱は三菱の経営となりグラバーが顧問に

高島炭坑の経営権は明治十四（1881）年、後藤象二郎の手から岩崎弥太郎が社長を務める郵便汽船三菱会社へと移った。海運業を中心とする三菱にとって、良質の石炭は船舶の燃料として重要であった。岩崎が約九十七万円を支払って後藤の債務を含むすべての資産を買収した。結果として、トーマス・グラバーは引き続き長崎における高島炭坑事務所の顧問を務め、三菱との関係を深めることとなった。彼は、それまでの大胆な発想、また無尽蔵ともいえる行動力に換えて、知識と経験に頼る新しい生活に入った。毎日のきまった仕事、国内外の事業所に対する顧問的活動、それに平穏な家庭生活、という日々であった。

高島炭坑の買収を記念して、三菱代表の川田小一郎が主催する船上パーティーと高島における花火大会が計画された。トーマス・グラバーがすべての手配を行ったが、四月一日の荒天のため、パーティーが中止となり、西洋料理の老舗レストラン「福屋」での夕食会に切り替えられた。福屋にはほぼ同数の日本人と外国人の招待客が出席して高島炭坑の新しい出発に祝杯を挙げた。幸いなことに、翌日は快晴となり、川田小一郎は当初の計画を実行することに決めた。午後五時ごろ、招待客が三菱所有の蒸気船「秋津島丸」に乗って高島へ渡り、屋外ディナーと花火大会を楽しんだ。一連の行事を取材した英字新聞の編集者は、「長崎の商業的見通しが高島の繁栄に大きく依存しているだけに、私たちが三菱会社の成功を願うことは、この港町全体の利益を祈願することと等しい」とコメントした[74]。

高島炭坑は郵便汽船三菱会社にとってその後の目覚ましい発展の原動力となった。『岩崎弥之助伝』ではつぎのように記されている。

〈三菱に移ってから約五年で会社のドル箱事業になった。そのあと明治二十年代になって三菱は筑豊炭田に進出したが、高島はその炭質においても、出炭高においても、三菱所有全炭坑中、嶄然頭角を抜きんじ、その好況は会社の最中心事業たる観を呈した[75]〉

第五章

東京移住と三菱顧問時代

近代化の波に乗ってダイナマイト実験

トーマス・グラバーと三菱との関係は、彼が日本西南部の藩士たちと商取引をしていた初期のころにさかのぼる。各藩から長崎へ派遣された若い武士たちのなかに、土佐藩出身で後に三菱の創始者となる岩崎弥太郎がいた。岩崎は市場調査をおこなうために、トーマス・グラバーと同じ安政六（1859）年に長崎入りした。慶応三（1867）年、岩崎は土佐藩によって設立された「土佐商会」代表として、紙、木材、樟脳、海産物など、土佐産名物の販売、また外国商品の輸入に取り組んだ。土佐商会とグラバー商会の間でさまざまな取引が行われ、その後数十年に及ぶ密接な関係への足掛かりとなった。

明治三（1870）年十月、岩崎弥太郎は他の土佐藩出身者とともに「土佐開成商社」創設に加わる。同社は土佐藩から譲り受けた蒸気船三隻を使い、高知—大阪—東京間を結ぶ海運業を始めた。その後二回の社名変更を経て、明治六（1873）年三月に「三菱商会」とされ、独立企業としての第一歩を踏み出した。同商会はその後、「郵便汽船三菱会社」に社名を再び変え、明治十年代の海運事業での目ざましい発展によって大きな収益をあげつつ、日本商工業界のトップに踊り出た。

事業の多角化をはかる岩崎弥太郎は、本部を大阪に設立し、広範な自らの事業所や倉庫網に対応した。また、東京海上火災保険と明治生命に大規模投資をおこない、日本鉄道会社の形成と日本の最北部へ鉄道を敷く企画に主導的役割を果たしていった。鉱山業にも参入し、明治十四（1881）年四月、高品質の石炭を多量に排出しながら労働争議や財政管理に苦しんでいた高島炭坑を手中におさめた。これらすべては近代日本を形づくるための取り組みで、明治初年から明治十年代前半にかけて、郵便汽船三菱会社は西洋の窯で焼いた近代という名のレンガをひとつひとつ取り出し、日本式の基盤の上に並べ直して固定するという作業をおこなってきたのである。

「炭坑社」として知られる高島炭坑事務所が、三菱へ正式に譲渡される二カ月前の明治十四（1881）年二月、トーマス・グラバーは長崎でのダイナマイト実証試験の手はずを整えた。その爆発物の有用性を示し、高島炭坑に導入して産出量をさらに上げようと考えていたに違いない。アルフレッド・ノーベル（Alfred Nobel）によってダイナマイトが発明されて、すでに十五年が過ぎていたが、鉱山や土木用にダイナマイトの用途を可能にした、膠質ダイナマイトと雷管の完成はわずか五年前のことであった。グラバーが慶応元（1865）年に大浦海岸通りに走らせ、センセーションを巻き起こした蒸気機関車と同様に、今回は未知の発明品であるダイナマイトを海外から持ちこんで長崎市民を驚愕させた。

実証試験のために一本松邸の庭園が提供された。明治十四（1881）年二月九日午後、天気にも恵まれ多くの日本人や外国人が集まった。長崎を訪れていたノーベル爆薬販売会社の代理人が、ダイナマイトの正しい取り扱い方とその想像を絶する爆発力、また通常の状態での安全性を示す一連の実演をおこなった。長崎の英字新聞がその模様をつぎのように伝えている。

〈婦人らを含む多くの居留民たち、また日本の役人や鉱山工学に関心のある人々が見守るなかで、固いみかげ石を完全に破壊し、重量五百キロの大きな鋳物を粉々に吹き飛ばすことによって、ダイナマイトの破壊特性を充分に実証した。また、ダイナマイト一発分を普通の炭火の中で燃やしたが爆発の気配さえなかった。さらに、ダイナマイト十ポンド〔約五キロ〕入りの箱を、同量の黒色火薬の爆発によって吹き飛ばし、衝撃による爆発を試みた結果、箱は完全に壊れたがダイナマイト自体にはまったく何の影響もなかった。これによって、その破壊力とともに充分な安全性も証明した。他の様々な細かな特性が示されたあと、四時には実証の場が港へ移され水中実験が行われた。威力を例証するために、小型船に取りつけたダイナマイトを、安全な位置まで離れたボートに据え付けた電動バッテリーに絶縁線で接続。電流が通じるや、その悲運な小型船はみじんに吹き飛ばされ、水柱が空高く舞いあがった。さらに数例の爆発を水中実演し、同様の結果を披露した。爆発によっておびただしい数の魚が海面に浮かび上がり、付近の海上で漁をしていてその多くを拾い上げた漁師たちにとっては、思いがけない水揚げとなった〉[76]

一連の実験により、トーマス・グラバーはダイナマイトの使用が日本の鉱業界に画期的な変化をもたらし、石炭をはじめさまざまな砿物の産出量を増やすことができるという高い見こみを示した。

その後、グラバーはダイナマイトの一部を自分用に残し、庭に井戸を掘るために使った。この出来事は、近所の大浦天主堂のフランス人神父たちがイギリス領事に騒音の苦情を伝えたため、歴史にその痕跡を残した。領事の叱責に対する反証として、グラバーは自宅の温室が爆発場所によほど近いのに被害を全く受けていないことを指摘し、つぎのように抗議した。「カトリック・ミッションから発せられた根拠のない苦情で私は驚きを禁じえません。なぜならば、この一年間、神学生たちの恐ろしいほど騒々しい叫び声によって私たちの住宅が住めなくなっているぐらいです。私たちの持つ敬虔な信仰心からガウワー氏、リンガーと私は以前からこのことの苦情は控えておりました」とくぎを刺した[77]。

ポルトガル領事など長崎の外国人社会の名士に

明治十四（1881）年七月、トーマス・グラバーはマカオ総督の命令により駐長崎ポルトガル領事に任命された。日本在住の著名な外国人が何らかの理由で公式の代表者を置いていない国の領事の役を務めることは条約港での習わしであったが、グラバーにとって社会的ステータスが上がる名誉な肩書きでもあった。スコットランド人の彼とポルトガルとの関係は、グラバーが、安政六（1859）年の開港後にジャーディン・マセソン商会とともに長崎に設立された、最初の外国系商社のひとつ「デント商会」の代理人になったことから始まる。

長崎におけるデント商会の初代代理人、ジョセフ・H・エバンズはイギリス人商人でありながらポルトガル領事を務めた。文久二（１８６２）年から明治三（１８７０）年まで長崎に在住したポルトガル人商人ホセ・ロレイロ（Jose Loureiro）が二代目の領事となった。ロレイロは長崎を去るにあたり、その任務をアメリカ領事ウィリー・P・マンガム（Willie P. Mangum）にゆだね、明治十四（１８８１）年、トーマス・グラバーがマンガムの後任に任命されたわけである。

　グラバーは領事としての任期中に、ポルトガル人住民の世話をしながら国際交流にも尽力した。同年十月三十一日、ポルトガル王のドン・ルイス１世の四十二歳の誕生日を祝して、一本松邸で祝賀会を開催。六十名を超える日本内外の紳士淑女たちで賑わった。ルイス王の健康を祝して乾杯したあと、出席者たちは秋らしい夕暮れの空の下で、長崎港に映える夕日を遠目に見ながら音楽、ダンス、食事に興じた。

新三郎（富三郎）。10歳ごろ
（長崎歴史文化博物館蔵）

　祝賀会と同じ明治十四（１８８１）年十月、アメリカのメソジスト監督教会のミッションスクール「コブライ・セミナ

「加伯利英和学校」で級友たちと。C. S. ロング博士（中央）から向かって右三人目（最後列）が富三郎（長崎歴史文化博物館蔵）

リー」（加伯利英和学校、のちの鎮西学院）が東山手六番地に開校した。創設当時の生徒のなかにはトーマス・グラバーの十一歳の息子、新三郎（のちの富三郎）がいて、和服姿で当時の集合写真に写っている。新三郎は父親、養母ツルと五歳になる妹ハナとともに一本松邸に住み、そこから通学していたと思われるが、外国人名簿やその他の資料には記載がなく確定できない。グラバーはどうやら、内助の功で裏から一家を支えていたツルに子育てを含む家庭内のすべてを任せていたようだ。「故郷に顔向けできぬ倒産で日本を第二の故郷にするほかないエトランゼの安定は、ツルなくしてはあり得ないものであった」と、歴史家の内藤初穂氏が指摘する通りであろう[78]。

翌年夏、グラバーが長崎の仕事を棚上げにし、長期にわたる海外旅行に出かけたことは、家庭の決定権を妻に委ねていた事実を裏づける。明治十五（1882）年夏の英字新聞には次の一節が見られる。

〈トーマス・B・グラバー氏は弟のアレキサンダー・グラバー氏を伴い、昨夜、名古屋丸号でオレゴンへ向けて出発した。半年後には長崎へ帰る予定である。今回の旅は、仕事を離れての休息も兼ねてはいるが、アメリカ西部地方の現地資源調査もその目的に含まれている。長年にわたって長崎と密接な関係を維持してきたグラバー氏は、居留民を含むすべての住民の社会福祉活動の中心人物として活躍してきた。同時に、長崎港の発展に多大な尽力を惜しまなかった。住民の多くは、グラバー氏が一刻も早く長崎へ帰ることを待ち望んでいる。日本および中国のほとんどすべての居留民と共に、弊紙もグラバー氏の道中の安全を祈り、無事戻られることを願ってやまない[79]〉

半年の予定だったが、アレキサンダーはワシントン州で土地を購入してアメリカに永住し、トーマスだけが九カ月後の明治十六（1883）年四月に横浜経由でやっと長崎へ帰着した。英字新聞の船舶情報によると、グラバーは山脇正勝と同船していた。元新撰組隊士の山脇は、明治十四（1881）年に岩崎弥太郎が後藤象二郎から高島炭坑を買収した際、最初の三菱出身の責任者として高島炭坑事務所長に任命されていた。同十七（1884）年、郵便汽船三菱会社が溶鉄所、機械工場、小菅のスリップドックなどを含む、工部省所管長崎造船局の一連の施設を借り受けると、山脇正勝は三菱長崎造船所初代所長に就任した。

日本帝国海軍が造船所を引き継ぐのではないかという大方の予想に反して、政府から民間へ委譲されたのは意外なことであり、それに対して長崎市民は歓喜に沸いた。英字新聞の論評も歓迎ムードであった。

〈政府が管理し、政府に対してのみ経営責任を負う現造船所の実情を見るとき、民間企業と競合して成功するとは考えにくく、政府自身もそのような危険なことはしないと見られていた。しかし、三菱が請け負うのなら将来有望である。この造船所は、船の建造、修理など、造船に関する技術すべてが可能であり、長崎港は地理的にも好都合で、陸地に囲まれて水深が深いことから安全に入港しやすいため、造船所としてふさわしい立地条件がある。炭坑を有し、樫から杉に至るあらゆる木材が豊富で、熟練工が安価に雇え、またそのほか必要物資の面からも、東洋のほかの地域よりはるかに優れている。実際、三菱は無限の可能性を持ち、精力的かつ有力な企業であるから、長崎造船所が大成功を収めるための条件はすべてそろっている。このたびの新たな、かつ重要な企画の成功を心から祈る[80]〉

岩崎弥太郎は、自社蒸気船の操縦と国際運輸の発展を外国人船長らに委ねたと同様に、イギリスの専門チームを抜擢して、元官営の施設を世界一流の造船所に転換しようとした。彼が造船場の運営に採用した五名の専門家は、総工場監督ジョン・コルダー(John Calder)、室内主任技師デビッド・ロバートソン(David Robertson)、屋外主任技師J・H・ウィルソン(J.H. Wilson)、ボイラー製造主任ジョン・ヒル(John Hill)、そして経理担当のウィリアム・デバイン(William Devine)である。トーマス・グラバーの名前は関連の新聞記事などには記載されていないが、高島炭坑事務所の顧問として、造船所の政府から民間事業への移管、また同胞のジョン・コルダー氏やその他の専門家の採用に大きな関心を持っていたに違いない。

トーマス・グラバーを含む六人の欧米人が一緒にポーズを取る有名な写真がある。それは、グラバーが慶応三（１８６７）年に帰国した際に、グラバー兄弟全員で撮影したものと今まで考えられた。しかし、グラバーの年齢（１８６７年で二十九歳）や中心に座る人物がコルダーと良く似ていることから、同写真は、明治十七（１８８４）年に三菱長崎造船所に招かれたイギリス人専門家たちとグラバーがいっしょに撮ったものと著者は提案したい。

トーマス・グラバー（前列右）と三菱長崎造船所に採用された５人のイギリス人専門家と思われる。前列右はグラバー。中央に座っている男性は、総工場長のジョン・コルダーか（長崎歴史文化博物館蔵）

淡路谷富三郎名の文書

三菱長崎造船所が誕生した年の秋、トーマス・グラバーは長男の新三郎を東京に連れて学習院に転学する準備を整えた。学習院はもともと、皇族や華族の子弟を教育する私学校であったの

富三郎。学習院の制服姿
（長崎歴史文化博物館蔵）

が、明治十七（1884）年四月から官立学校に変わり、士族や平民にも門戸をひらいていた。転校にあたって、三菱初代社長の岩崎弥太郎が保証人を引き受けたことは、グラバーと岩崎家の親密な関係を示す。翌年二月七日に岩崎弥太郎が癌を患って他界すると、弟の弥之助が社長の座に就き、新三郎の面倒を見ることとなる。

新三郎の入学に関する一連の文書は、すべて「グラバー新三郎」でも「淡路屋新三郎」でもなく、「淡路谷富三郎」の名義で記されている。養母ツルの戸籍に示されている「新三郎」から「富三郎」への改名の時期は明治二十一（1888）年九月だが、学習院に入学するころからすでに「富三郎」と名乗っていたことが分かる。わざわざ偽名を使った理由は不明だが、微妙に揺れ動く多感な少年は、「屋」を「谷」に変えることによって養母ツルの姓「淡路屋」がもつ庶民的な印象を弱めようとしたかもしれない。息子を後継者にするために日本における確固たる地位を確立してほしい、というトーマス・グラバーの願望も背景にあったことだろう。

富三郎の学習院就学もあり、今まで長崎―横浜間を往復していたトーマス・グラバーはいよいよ東京に別邸を設けるのが望ましくなった。外国人の居留地外居住には特別の許可が必要だったが、グラバーは息子の日本名を使うことによってこの制約を回避することができた。明治十七（1884）年十一月、彼は「淡路谷富三郎」の名義で借地願を提出し、増上寺境内の一角にある芝公園で借地権を取得した[81]。芝の別邸はグラバーの東京における本拠地となるが、ツルとハナはまだ長崎に残っていることもあり、富三郎は学習院により近い神田駿河台東紅梅町の岩崎弥之助邸から通学することとなった。

明治十八（1885）年からの数年間はトーマス・グラバーにとって実に多忙な時期であった。三菱顧問やポルトガル領事としての任務に加えて、横浜での「ジャパン・ブルワリ・カンパニー」の設立に奔走し、長崎―横浜―上海間の往復を繰り返した。同二十（1887）年一月二十九日、グラバーは岩崎弥之助ともども、三菱長崎造船所で建造された初の鉄製蒸気船「夕顔丸」の進水式参列のために来崎し、三月中旬まで長崎に滞在した。

トーマス・グラバーと三菱二代目社長・岩崎弥之助（長崎歴史文化博物館蔵）

進水式は、二月二十五日に執りおこなわれ、岩崎弥之助社長とトーマス・グラバーを始め多くの来賓が見守るなか、船長を務める大崎氏の娘がイギリスの慣習にならってシャンパンの瓶を船首に割って航海の安全を祈り、二百トンの蒸気船が造船台から進水台を滑り長崎港に入水した。来賓は、場所を変えて祝杯を挙げ、日本における造船業のさらなる発展を誓った[82]。五月に完成した後、「夕顔丸」は長崎と高島や端島間の連絡船として、昭和三十七（1962）年に最終の航海を迎えるまで七十五年間も活躍した。解体時、船体外板や機関の一部などが建造当時のままであったことは、ジョン・コルダーらによる工事の入念さを証明するものであった。

明治十九（1886）年、郵便汽船三菱会社は社名を「三菱社」に変更した。翌年、借用の施設一切の払い下げを受け、三菱長崎造船所を正式に発足する運びとなった。トーマス・グラバーはこれを機に、駐長崎ポルトガル領事の座をアメリカ領事に譲って活動の場を東京に移した。

キリンビールの設立で東京定住へ

文化元（1804）年から同十四（1817）年まで出島オランダ商館長を務めたヘ

ンドリック・デューフ（Hendrik Doeff）は、日本で最初にビールを造った人物である。歴代商館長のなかでも在任期間がもっとも長かったデューフは、その間、日本語の習得に励み、最初の蘭日辞典（『ハルマ和解《わげ》』）を完成させたことで知られている。また、俳句をたしなむほどの親日家であった彼は、長崎の奉行や高官、商人らと深い親交を得ることができた。

ナポレオンが兵をかまえて他国に進攻していたころ、オランダ本国はフランスに併合され、全植民地を失っていたため、オランダ船の寄港が滞った出島はオランダ国旗が揚げられていた世界で唯一の場所であった。その時期、長崎に取り残されてしまったデューフとその部下たちは、文化九（1812）年、出島でビール醸造に挑戦した。デューフは回想録でつぎのように記している。

〈私はその時に自分でビールを作ってみた。チョーメルらによる百科事典を参考にしながら、ハーレメール・モルの味に似た白い液体を得ることに成功した。しかし、それは十分に発酵させることができなかったので、賞味期限がわずか三、四日だった。なお、それを苦い味にして少し長く保つためのホップを持っていな

かった〈83〉

ビールはオランダ人たちにとって必須の飲みものだったが、安政開港後に長崎にやってくる他の欧米人たちも各種の輸入ビールを日常的に愛飲した。文久元（1861）年六月に長崎居留地で発行された日本最初の英字新聞『ナガサキ・シッピング・リスト・アンド・アドバタイザー』を見ると、アーノルド商会、オルト商会、コリンズ商会やその他の多くの輸入業者が広告を出し、「樽やケースでビール類を提供します」と読者に呼びかけた。

日本最初の本格的な醸造所が、アメリカ人のウイリアム・コープランド（William Copeland）によって横浜に開設された。彼は出身地であるノルウェーの醸造所で五年間働き、研究を重ねた当時のビール造り職人ともいうべき人物であった。元治元（1864）年、三十歳で横浜に着いたコープランドは、居留地付近の天沼に澄みきったきれいな水源を発見し、明治二（1869）年、山腹の水源そばに「スプリング・バレー・ブルワリー」と名付けられた醸造所を開設しビール生産を始めた。コープランドのビールは好評を博したが、自身の病気とドイツ人共同経営者との軋轢もあり、明治十七（1884）年に醸造所は閉鎖に追いこまれ、翌年売りに出された。

トーマス・グラバーは当時、四十六歳にして、巨大企業に成長しつつあった三菱社の顧問、また日本内外の政財界および社交界の名士として活躍していた。日本のビール産業はさらに発展の可能性ありと判断したグラバーは、スプリング・バレー・ブルワリーが売りに出されているのを知り、コープランドの弁護人を務めていたウィリアム・カークウッド（William Kirkwood）と共同で同醸造所の買収をはかる。

明治十八（1885）年七月、「ジャパン・ブルワリ・カンパニー」という新会社が発足し、香港で登記された。資本金五万ドルは、日本各地の居留地に住む個人投資家に対して発行された五百株（一株百ドル）の株式によって調達。新工場や社屋の設計、建設のためにイギリス人技術者が雇用され、経験豊かな醸造の専門家であるドイツ人ヘルマン・ヘッケルト（Hermann Heckert）が、機器設置のために、また最高の味を生み出すための目付役として、ヨーロッパから招かれた。

しかし計画が進むにつれて、当初予定していた五万ドルでは足りないことが明らかになった。そこで資本金を七万五千ドルに増資するために、トーマス・グラバーは日本の政財界人のあいだを奔走。まず、友人の岩崎弥之助から十株購入の約束を取り、

右の建物は「ジャパン・ブルワリ・カンパニー」時代に建てられた煉瓦造りの山手工場。大正 12 年の関東大震災で壊滅した（麒麟麦酒株式会社提供）

その後、さらに八名の日本を代表する実業家たちの投資勧誘に成功した。ジャパン・ブルワリ・カンパニーの発足から三年後の明治二十一（1888）年五月、「キリンビール」が食品輸入商社「明治屋」を通じて初めて市場に出された。

さかのぼって三カ月、トーマス・グラバーは三菱社の終身雇員という格別の辞令をうける。岩崎弥之助社長が東京府知事に提出した「外国人傭入御届」では、グラバーの職務および給料は「石炭売捌方掛」と「金六百五十円」と記され、雇用の契約は「無期限」とされている[84]。同じ明治二十一（1888）

年二月、グラバーの居留地外居住が正式に認可され、住所は関連資料に「芝公園五十三号」と明記されている[85]。ここ三年あまり富三郎名義の芝の別邸を、上京時の仮住まいにしてきたグラバーは、東京における定住の場を持ち得たのである。

鹿鳴館で「グラバー氏に乾杯！」

このころ、トーマス・グラバーはビクトリア王朝風の「鹿鳴館」に出入りして、東京の知人たちと親睦を深めていた。鹿鳴館は、グラバーの旧友で外務大臣の井上馨が、国賓や外国の外交官を接待するために計画した社交場であった。イギリス人建築家ジョサイア・コンドル（Josiah Conder）の設計による煉瓦造二階建ての洋風建築は、三菱長崎造船所が誕生したと同じ明治十七（1884）年に竣工。鹿鳴館に本部を置く東京倶楽部も、井上馨の発案によりイギリスに範をとったジェントルマンズ・クラブとして同年に設立された。明治二十一（1888）年五月に開催された東京倶楽部の晩餐会の様子は英字新聞に詳しく紹介され、その中にトーマス・グラバーの名前が登場する。

伊藤博文初代内閣総理大臣をはじめ、大隈重信、鍋島直大、後藤象二郎や各国大使など、百人を超える日本内外の重要人物が鹿鳴館に参集。主要会員からの一連の挨拶のあと、旧肥後藩主の子息で外交官の長岡護美男爵は立ち上がってつぎのように発言した。

〈東京倶楽部の成功に他の誰よりも尽力してくださっている紳士に感謝の意を表さずに、私たちが今夜はお別れできないと皆様もご賛成いただけると思います。私はグラバー氏に言及しております。グラバー氏は当クラブに在籍してほしい男性だと申し上げるだけではございません。日本に在籍してほしい男性でございます。そして彼のような人物がもっとたくさん日本にいてほしいと願ってやまないのでございます。それでは、紳士諸君、ご唱和ください。グラバー氏に乾杯！〉

「拍手喝采」が続くなか、トーマス・グラバーは立ちあがって温かい言葉に感謝の意を表した。しかし、彼は「私は皆様の賞賛に値しない」と引き下がり、自分ではなく、鹿鳴館の支配人チャールズ・ダフ（Charles Duff）氏に拍手を送るように頼んだ。この謙虚な姿勢こそ、グラバーが幕末以来、日本人の間で高い評価と信頼を得ていた理由のひとつといえよう。晩餐会を取材した外国人記者は、西洋料理の夕食は日本人の料理人のみによって準備され、「いたれりつくせりだった」とコメントして記事を書き終えた[86]。

「麒麟」のラベルの由来は?

翌年、トーマス・グラバーの提案により、不評判だったキリンビールの初期のラベルが廃止され、「麒麟」を大きく鮮やかに描いた第二号ラベルが採用された。現在のラベルの原型となるデザインである。

第二号ラベルの原図を描いた画家の名前も、中国伝統の奇獣をビールのシンボルに選んだ経緯も不明。モデルについては諸説あるが、トーマス・グラバーとその仲間がロンドン郊外のチズウィックで1845年からビールを醸造していたフーラー社のロゴからヒントを得た可能性がある。フーラー社はロゴに、ヨーロッパの神話に登場する麒麟と同じような奇獣であり、ライオンの胴体に鷲の頭と羽を持つ「グリフィン」を使っており、ラベルでは同じく左向きに描かれている。フーラー社は、いまでもイギリスで人気のある「ロンドンプライド」などのビールを作りつづけている。第二号

「ジャパン・ブルワリ・カンパニー」の最初のラベル

明治22年6月から使用された新しいラベルのキリン

ラベルに登場した「麒麟」のルーツについては、さらなる研究の成果に期待するところである。

明治四十（1907）年、ジャパン・ブルワリ・カンパニーは、明治屋食品商会の米井源治郎二代目社長と岩崎久弥三菱三代目社長を中心とする日本人投資家グループがそっくり買収し、新しい社名を「麒麟麦酒株式会社」とした。同年二月二十三日に執りおこなわれた創立総会の席で、グラバーは会社への高い貢献度が認められ、功労金として高額の三千円が授与された[87]。

長崎居留地南山手地区の庭付き住宅が千五百円ぐらいで取引されていた時代である。その後、トーマス・グラバーの努力が大きな実を結び、麒麟麦酒株式会社は世界有数の酒造会社へと成長していった。

第六章

晩年と逝去

聖アンドリューの祝日

明治二十一（1888）年、トーマス・グラバーの私生活にまた異変が起きる。学習院に保管されている資料によると、常にクラスの一、二位を争っていた富三郎の成績が低迷するようになり、ついに学習院通学を断念せざるを得ない状況になってしまった。三月十三日付の中退届がグラバーから提出されている。中退届と同日、長崎へ向かう横浜丸の船客名簿にはグラバーの名前だけが載っているが、富三郎が同行していたようだ。

というのは、三月十七日のグラバー親子の長崎到着からまもなく、駐米公使に任命されていた陸奥宗光《むつむねみつ》が一本松邸（グラバー住宅）を訪ねている。幕末の海援隊に参加していたころからグラバーと懇意な間柄だった陸奥は、挨拶した富三郎にアメリカ留学をすすめた。トーマス・グラバーも当然、学習院の課程を終了できなかったことに責任を感じ、心機一転させるアメリカ留学に賛成していたことだろう。陸奥宗光が五月二十日に横浜からアメリカへ旅立った際、富三郎の名前は「ミスター・グラバー」として同行乗客名簿に記されていた。外務省外交史料館蔵の史料によると、富三郎の旅券番号は８１０１番だった[88]。

若き日のアルフレッド・グラバー
（長崎歴史文化博物館蔵）

トーマス・グラバーは、長崎に永住している十二歳下の弟アルフレッドにも気を配り、常に連絡を取りあっていた。アルフレッドは、グラバー商会解散後、高島炭坑事務所や高島の現地事務所に勤務し、その後、元グラバー商会従業員のヘンリー・グリブル（Henry Gribble）経営の「グリブル商会」へ移籍。トーマス・グラバーは自社破産のとき、海運および保険代理店業務をグリブルに任せていた。明治十（1877）年にグラバー商会の破産整理がすべて終わると、アルフレッドはホーム・リンガー商会に入社して明治三十七（1904）年に他界するまで勤務をつづけた。兄トーマスの後任としてポルトガル領事の任務にもついていたが、長崎を遠く離れることなく、ホーム・リンガー商会社員として毎日の仕事に励み、一生独身のまま穏やかな日々を送った。

しかし、アルフレッドが中心的な役割を演じ、トーマス・グラバーも東京に移っても必ず帰ってきて参加する長崎居留地恒例の行事があった。それは、スコットランドの守護聖人、聖アンドリューの祝日である。毎年十一月三十日、長崎在住のスコットランド人たちが長崎県知事や長崎市長など多くの来賓を招待して、盛大な祝宴を開催した。明治期を通して、西洋料理の老舗「福屋」が会場となった。

祝宴では、アルフレッド・グラバーが進行役を務め、まずは「ビクトリア女王に乾杯！」の音頭をとった。テーブルには、福屋の料理人たちが準備した本格的なスコットランド料理が並び、各席には同地方の紋章で飾られたメニューが置かれ、出席者たちは途中何度も乾杯し、あらゆる余興を楽しんだ。ニラのスープ、鱈のフライ、前菜、羊の頭、ハギス（羊の臓物を細かく刻み、オートミール・こしょうなどと共にその胃袋に詰めて煮たもの）、ローストビーフ、クランベリー・タルトパイ、チーズ、デザート、次から次へと運ばれて来る郷土料理に舌鼓を打った。

明治二十一（1888）年の聖アンドリューの祝日はこれまで以上に豪華で賑やかだった。英字新聞に掲載された報告は紙上ほぼ一ページを占め、夕食のメニューから福屋で集まった主催者と招待客によるスピーチまですべてを含んでいる。十三名のスコットランド人主催者は、アルフレッド・グラバー、高島炭坑や三菱長崎造船所の技師たち、また長崎イギリス領事のジョン・エンスリー（John Enslie）などであった。

三十名以上の招待客のなかには、東京から駆けつけたトーマス・グラバーと三菱の川田小次郎幹事のほか、長崎の政府関係者や経済界代表も多数含まれていた。宴会は深夜まで続き、スコットランド人と日本人がそれぞれの母国語で「蛍の光」（Auld Lang Syne）を歌うという感動的な合唱で幕を閉じた。

スコットランド人友人の死

その後、トーマス・グラバーが三菱長崎造船所や高島炭坑関連の仕事で、長崎―横浜間をしばしば行き来していたことは、英字新聞の船舶情報から確認できる。岩崎弥之助社長やその他の三菱の幹部たち、外国人の来賓や家族を伴うことも多かった。明治二十二（1889）年四月、彼は妹のマーサ・ジョージ（Martha George）を連れて長崎を訪れ、一週間後に横浜へ帰航している。マーサはグラバー家八人の子供たちのうち唯一人の女の子で、兄トーマスより四歳年下であった。マーサは、若くして未亡人となり、アバディーンの実家で年老いた両親の世話をするかたわら、相次いでなくなった父親と兄たちを見送った。明治二十（1887）年に母親メアリーが心臓病で亡くなると、彼女は死亡届けを町役場へ提出したという記録が残っている。その二年後、アバディーンにおけるグラバー家の財産を処分してから、兄トーマスに招かれて日本を訪れたようだ。

明治二十五（1892）年、トーマス・グラバーの親しいスコットランド人友人二人が、立て続けに悲劇的な死を遂げる。ひとりは高島炭坑の監督技師を務めていたジョン・ストーダット（John Stoddart）。同年正月早々に公用のため上海へ渡った彼は、十日の夜に長崎へ帰ってきたとき、具合が悪く熱にも侵されていた。友人たちの助けを断り南山手乙二十七番地の高台にある自宅まで寒い夜の中をのぼり帰った。驚いた妻はすぐに医者を呼んだが、その甲斐もなく翌日に急性肺炎で息を引き取った。享年三十六。グラバーが失ったもうひとりの同房は三菱長崎造船所の総工場監督ジョン・コルダー。同年六月、彼は癌を患って四十五歳の生涯を長崎で閉じた。明治期日本の炭坑業および造船業の発展に大きく寄与した二人は現在、長崎の坂本国際墓地に人知れず永眠している。

年末にもトーマス・グラバーを困らせることが起きた。十月十五日の船舶情報によると、息子の富三郎が予定より早くアメリカを引き上げ、サンフランシスコから横浜に帰着している。父親の留守中に、芝の別邸で養母ツルと妹ハナに迎えられた。予備課程で二年を過ごしたオハイオ州のウェスレアン大学から転校してペンシルベニア大学で生物学を一年学んだだけであった。陸奥宗光の口利きで留学した以上、グラバーが中退を許すはずがなく、再三の反対を押し切っての帰国だったと思われる。

ファミリーアルバムの写真から、グラバー父子の軋轢が見て取れる。二人だけのショットが一枚もなく、家族写真では、富三郎は父親から顔をそむけているように見える。偉大な父の影にどうしても隠されてしまうだけでなく、正妻の子ではないという悩みを背負う富三郎は、親子間の障壁を打ち壊すことができなかったのではないだろうか。息子の反抗に悩まされたとはいえ、富三郎を後継者に育てあげようというグラバーの初一念がゆらいだわけではない。明治二十五（1892）年のうち、二人は親子同行で長崎におもむき、富三郎がホーム・リンガー商会における修業期間に入ることをグラバーが見届けた。

家族と再び長崎へ

英字新聞の船舶情報によると、トーマス・グラバーは翌年二月、岩崎久弥（後の三菱第三代目社長）の長崎案内をかねて、長女ハナともども横浜から来航して一時的に長崎に滞在している。グラバーは三月十七日に横浜に帰ったが、そのわずか三日後、東京芝公園のグラバー別邸が火事により焼失した。召使による暖炉の火の不始末が原因だった。グラバーは留守にしてツルやハナも無事だったが、木造の建物は全焼し、多くの貴重な美術品や資料などが灰と化した。

同年末、トーマス・グラバーはツルと十七歳の長女ハナとともに、東京から長崎に戻って南山手三番地の一本松邸に入居した[89]。芝の別邸が再建されている間を長崎で過ごすというものであった。船舶情報には、「ミス・オワカ」の名も並べて記されている。「ミス・オワカ」とは、ハナより一歳年下の少女、中野ワカのことである。ワカは、横浜のイギリス人商人ジェームズ・ウォルター（James Walter）とその日本人妻中野エイの間に生まれ、東京のミッションスクール東洋英和女学校に寄宿生として入学した。しかし、中野エイの死後に再婚したウォルターは、学校にほど近い芝から通学できるように友人のトーマス・グラバーに申し入れた。その後、ワカは家族の一員としてグラバー家に受け入れられた。同じ明治二十六（1893）年十二月、いったんスコットランドに戻っていたグラバーの妹、マーサもロンドンからの長い航海の末、永住するつもりで一本松邸の一家に加わった。

ホーム・リンガー商会に入社していた富三郎は、明治二十七（1894）年十月一日、戸籍簿を作ることによって日本国籍を取得し、正式に「倉場富三郎」の名に改名した。長崎市役所に保管されている戸籍簿には、彼が「倉場利兵」の後継者とされている。「倉場」は日本人の姓としてありそうなものであるが、「グラバー」との音声上の類似性があまりに大きいことから創作されたと考えるほうが自然である。興味深いことに、戸籍簿による倉場利兵の住所は恵美須町三十三番地となっている。これはフレデリック・リンガーの仕事仲間、松尾巳代治が率いる老舗企業「松尾屋」の住所と同じなのである。この事実から、トーマス・グラバーはリンガーに息子の長崎での就職だけでなく日本人としての登録でも助けを求め、リンガーに協力を頼まれた松尾巳代治が必要な法的支援をしたことがうかがえる。

さらに興味深いことに、グラバーの内縁の妻ツルは、同年六月に自分自身の戸籍を作り、戸籍上の住所を同じく恵美須町三十三番地としている。この事実も、グラバー夫妻が大人になった子供たちの将来を考えて、日本国籍を取得しやすいように戸籍の一部を創作したことをほのめかす。なお、戸籍で「長女」とされているハナに対して富三郎は「養子」とされていることは、富三郎の実母は彼の戸籍にも明記されている通り、「加賀マキ」であることを裏付ける。富三郎とハナの他に、やがて富三郎の妻になるワカが「養女」としてツルの戸籍簿に登録されている。ところで、二通の戸籍簿にはトーマス・グラバーの名前がどこにも見当たらない。

極めて複雑で不明瞭な家族構成だが、どのような状況であったにしろ、倉場富三郎はホーム・リンガー商会の従業員、フレデリック・リンガーの信頼するアシスタント、そして故郷長崎において外国と日本を結ぶ架け橋として確かな第一歩を踏み出したのである。

スペンサー伯爵の訪問の接遇

トーマス・グラバーは、明治二十七（1894）年から約三年間、芝の別邸の再建を待ちつつ長崎で悠々自適の生活を送り、岩崎弥之助から授かった「内外の補助」以外は如何なる肩書もなかった。明治二十七（1894）年とその翌年は、朝鮮半島の覇権を争った日清戦争の年でもある。日本は新たに編成した自国軍の勢力を実戦で初めて試して大勝利を収めた。結果として、清国は遼東半島、台湾、澎湖諸島などの主権を日本に割与し、日本の国家予算の四倍強に当たる莫大な賠償金を支払うこととなった。歴史的な勝利によって、日本は東アジアにおける国際貿易や政治的・軍事的利害関係の渦巻の中に引きだされ、また、中国大陸と台湾に近い長崎港が石炭や物資の供給港、外国の商船や軍艦の休憩地点として未曾有の繁栄を享受した。

明治二十九（1896）年二月、長崎に滞在していたグラバーに、イギリスの駐日特命全権公使、アーネスト・サトウから一通の手紙が届いた。つぎのように、それは近く長崎を訪れるジョン・P・スペンサー（John P. Spencer、第五代スペンサー伯爵）への力添えを依頼する内容だった。

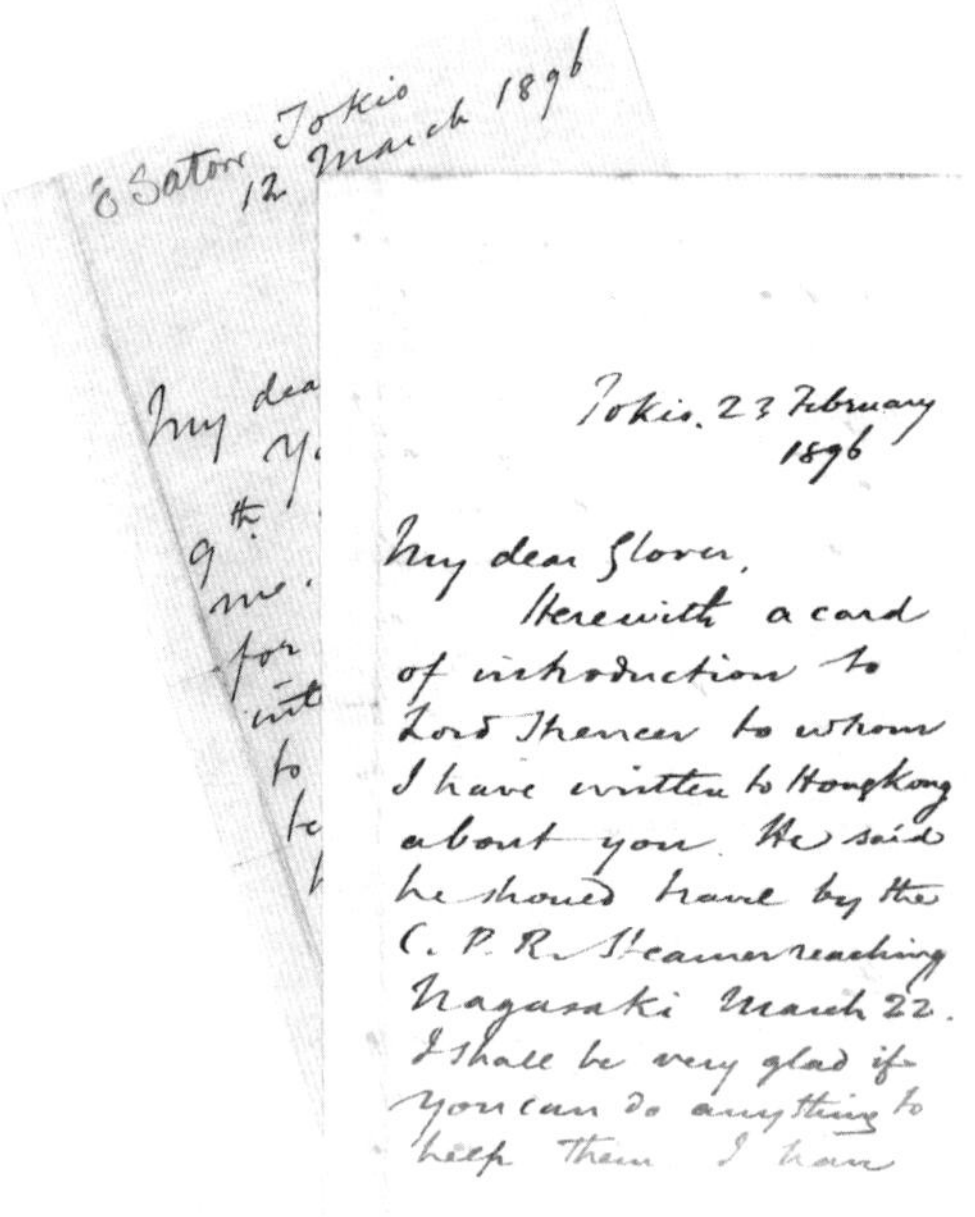
E Satow Tokio
12 March 1896

Tokio. 23 February
1896

My dear Glover,
Herewith a card of introduction to Lord Spencer to whom I have written to Hongkong about you. He said he should leave by the C. P. R. Steamer reaching Nagasaki March 22. I shall be very glad if you can do anything to help them. I have

アーネスト・サトウがトーマス・グラバーに宛てた書信
（長崎歴史文化博物館蔵）

〈親愛なるグラバー様。

スペンサー卿を紹介する書状を同封します。あなたのことは香港にいるスペンサー卿に手紙で知らせてあります。彼の話では、三月二十二日ＣＰＲ〔カナダ太平洋鉄道社〕の客船で長崎に寄港することになっているそうです。あなたが力になってくだされば、とてもうれしく思います。スペンサー卿のことを伊藤さん〔伊藤博文〕に話したところ、佐世保や呉も含めて、何でも喜んでお見せしようと言っていました。香港から電報がくれば、きっとこの二つの土地に関する彼の意向が聞けると思いますので、もしも間に合えば、あなたにもお知らせするつもりです。昨日、クィン〔長崎イギリス領事〕に会いました。それほど疲れた様子ではありませんでした。井上さん〔井上馨〕は帰京して、伊藤さんに会いに行ったと聞いていますので、和解が成立するよう願っています。敬具[90]〉

「親愛なるグラバー」というサトウの挨拶の仕方、総理大臣の伊藤博文や明治政府の長老、井上馨の名前を親しげに挙げていること、二人の和解を口にする、うちあけ話めいた口調などが、サトウとグラバーの長年の親交と日本の政治家たちと懇意な間柄であったことを物語っている。

ジョン・P・スペンサーは貴族院議員（故ダイアナ妃の先祖にも当たる）で、当時のイギリス政界の指導的人物だった。海軍大臣の地位を退いた明治二十八（1895）年、妻とともに世界周航の旅に出た。彼が佐世保や呉の海軍基地見学を希望した背景には、イギリス海軍が日本の日清戦争における勝利に関心を寄せていた事実があることは明らかだ。

明治二十九（1896）年三月二十四日、スペンサー伯爵夫妻が客船エンプレス・オブ・ジャパン号で長崎に到着。その二週間後、箱根の宮下《みやのした》温泉でくつろぐスペンサー伯爵がトーマス・グラバーに手紙を書き、佐世保訪問に尽力してくれたことに対してつぎのように礼を述べている。

〈1896年4月8日、宮下にて

親愛なるグラバー様。

土砂降りの雨のおかげで手紙を書く時間ができました。まず述べなければならないのは、3月30日付のあなたのお手紙に対するお礼です。佐世保造船所の規模を記したメモを訂正してくださったことに感謝します。（略）短期間でしたがHMSポーパス号であなたと過ごした興味深い一日を、日本の思い出として、とりわけ、大切にします。もっと長くお話しできたらよかったのですが…。（略）その後、私はHMSエドガー号で呉と厳島に行きました。精力的で知的な日本人が造船所を発展させているのを眼にしてたいへん興味深く思いました。一人として欧米人がいないのに、複雑で多大の費用を要する種々の機器類が、兵器工場や造船所の設備として配置され組み立てられているのはとてもすばらしいことです。（略）妻や私に対するあなたとお嬢さんのもろもろのご配慮に感謝します。

敬具〉

アーネスト・サトウおよびジョン・スペンサー伯爵のこれらの手紙は近年発見されたものである[91]。史料は他にほとんど見当たらないので、その発見がなければ、スペンサー伯爵の訪日歓迎ばかりか、明治三十五（1902）年の日英同盟調印に先立って、日本とイギリスの間で進んでいた政治と軍事的協力に果たしたグラバーの役割も日の目を見ることがなかったであろう。彼はいわば「無任所大臣」のようなものであり、

ハナとウォルター・ベネットの結婚。1897年、一本松にて。向かって左端に立っているのがアルフレッド。ハナの斜め後ろにマーサ（黒い洋服）と若い富三郎の姿が見える。新郎の後ろで、トーマス・グラバーがツルの腕に手を添えている（長崎歴史文化博物館蔵）

活動の目的は、己の利益だけを追求する単なる商取引にとどまらず、祖国と彼を迎え入れた日本との親善と協力を推進することにあった。

たそがれ——妻ツルとの別れ

還暦を間近に控えたグラバーは、長崎の人たちの眼にはすでに立志伝中の人物として映っていた。私設外交官ともいうべき活動以外、取り立てて言うほどの仕事はせず、大都会の喧騒から逃れて命の洗濯をするとともに、長崎在住の外国人や日本人の友人たちと

ツルを囲むグラバー家の人々と友人たち。左の女性は長女ハナ。トーマス・グラバーと長崎に身を寄せていた妹のマーサが下に写っている。一本松邸のベランダ、明治30（1897）年ごろ（R・ベネット氏提供）

の旧交を温めた。一本松邸の芝生での午睡、過去数十年の栄光の日々を心に描きながらの散策、さらに葉巻とスコッチ片手に旧友たちと交わす会話も当時の日課であった。

グラバー夫妻が長崎に帰住している間、子供の富三郎とハナ、また弟アルフレッドと妹マーサも全員が長崎に寄り添って暮らし、トーマス・グラバーにとって大きな喜びと安らぎを与えるものだったと想像しやすい。長崎のグラバー商会に一時籍を置いていた兄ジェイムズにつづき、明治十

（1877）年に長兄チャールズと次兄ウィリアムがあいついで亡くなっていた。父親トーマスと母親メアリーも、明治元（1868）年以降に息子トーマスと再会しないまま他界しており、アバディーンのセント・ピータース墓地に眠っていた。長崎の南山手にたたずむ一本松邸は、まさにグラバー家最後の砦となっていたのである。

明治三十（1897）年一月二十六日、ハナはイギリス人のウォルター・G・ベネット（Walter G. Bennett）と長崎で結婚し、家族や友人たちと一本松邸前で記念写真を撮った。新郎新婦はそれぞれ二十九歳と二十一歳だった。ベネットは同二十三（1890）年からホーム・リンガー商会に勤務しており、結婚当時、同商会の仁川支店を任せられていた。二人は朝鮮へ移住し、ハナは十月にトーマス・グラバーの初孫となる長男トーマス（テッド）を出産した。

愛娘ハナの結婚を機に、トーマス・グラバーと妻ツルは同年五月、長崎での生活に終止符を打って東京へ帰った。東京で余生を送ろうと思っていたようだが、東京のスタジオで初孫テッドを膝にのせて写真に収まったころ、ツルはすでに胃癌を患い余命数カ月となっていた。闘病生活の末、明治三十二（1899）年三月二十三日、四十八年の生涯を閉じた。妻を亡くした当日、トーマス・グラバーは、芝の自宅から三菱第三代目社長の岩崎久弥に手紙を送り、つぎのようにツルの死を急報した。

〈敬愛なる男爵殿。妻が今朝四時十五分に他界しました。長与（専斎）先生と大橋先生が立ち会われました。とても静かな最期でした。遺体は茶毘に付し、長崎にもってゆくつもりです。さしあたってツルの妹と一緒に葬ります。もう一人〔グラバー自身〕が亡くなったときも長崎で埋葬され、そのよき伴侶とともに眠ることになるでしょう。敬具[92]〉

孫のテッドを膝の上に抱くツル。東京の写真スタジオにて。ハナは写真の裏面に「1898年6月撮影」と万年筆で記入している（長崎歴史文化博物館蔵）

東京での葬儀を経て、遺骨は長崎へ移され、一本松邸の数百メートル南にある大平寺の墓地に埋葬された。その死を伝える英字新聞の記事は、貴族や良家の夫人に対する敬称である「レイディ」を用いて「レイディ・ツル」と呼んで

向かって左より富三郎、マーサ、アルフレッド、ハナ、トーマス、ワカ。一本松にて
（長崎歴史文化博物館蔵）

いる。
ツルの死後、グラバーは芝の別邸に居を構えながら、三菱合資会社から高額を支給される相談役、さらに日本の外国人社会での長老として生活しつづけた。この期間、彼はオーストラリアへの旅行を楽しんだが、出生地のスコットランドには帰ろうとしなかった。彼は何十年も前に捨ててきた窮屈で階級意識の高いイギリスに戻るより、日本に留まり、東京での豊かな暮らしや政財界のトップに君臨していた多くの友人たちとの付き合いを満喫することがよほど魅力

的であった。

グラバーは時折長崎を訪れて家族と時間を過ごしたが、長期滞在することがなかった。明治三十二（1899）年六月十二日、倉場富三郎が中野ワカと結婚した際に、グラバーは東京から駆けつけ、一本松邸における式に出席した。同年に設立された長崎内外倶楽部の推進委員会の名簿にも「T・B・グラバー」の名前が載っている。そのまま長崎に残っていた妹マーサは、居留地での社会的活動や大浦天主堂主催の慈善運動に積極的に参加していたが、明治三十六（1903）年三月十八日に長崎の自宅にて病没。享年六十一。マーサの葬儀は、兄トーマス、弟アルフレッドと倉場富三郎夫妻、荒川長崎県知事夫妻を初めとする役所関係者が見守る中、三月二十日に大浦天主堂で執り行なわれ、遺体は坂本国際墓地に葬られた。

翌年にも悲しい別れが待っていた。病気がちの弟アルフレッドは、イギリスへ帰国するために蒸気船に乗って気候の変化による健康回復に望みを託したが、長崎を出港してわずか一週間後の明治三十七（1904）年五月二十五日、香港に碇泊中の船の中で息を引き取った。遺体は別の船で長崎へ運ばれ、葬儀と坂本国際墓地の埋葬は六月七日に行われた。英字新聞の死亡記事はつぎのように伝えている。

〈グラバー氏と長崎との関係は、氏がこの地を初めて踏んで以来絶えることがなかった。思いやりのある、気取らない態度が、この港の実業界、社交界だけでなく、日本全国で出会ったすべての人々の尊敬を集め、長い間、愛され親しまれてきた。ここ数年間この港町のポルトガル領事を務められた亡きグラバー氏のために、昨日、全領事館が半旗を揚げた。御遺族の希望で簡素な葬儀が執り行われたが、会葬した友人たちの数が故人の生前の社会的地位を偲ばせた。また、非常に美しい多くの花輪が、内外の友人たちによって贈られた[93]〉

アルフレッドは十七歳の若さで兄トーマスに同行して長崎に来て以来、五十四歳で人生の幕を下ろすまで、三十七年間この地に留まった。しかし、兄トーマスのあまりにも高い名声の蔭に隠れ、アルフレッドは第二の故郷長崎においてさえも、忘れ去られた存在となっている。

日露戦争が勃発した年、トーマス・グラバーは長年住んでいた芝公園から麻布富士見町に移転し、新居で日本軍の動向や戦争の出来事を注意深く追いかけつづけた。記

1905年10月、岩崎家の東京の別荘で催された東郷平八郎元帥のためのレセプション。グラバーと東郷元帥（3列目中央）。元帥の向かって左は岩崎弥之助夫人。右は岩崎久弥夫人。さらに右2人目が岩崎弥之助（著者蔵）

録はないが、日本帝国海軍最初の甲鉄艦を三十数年前に納入していた彼は、日本の戦争での勝利について誰よりも喜んだだろう。終戦の年十月、グラバーは岩崎弥之助の東京別荘で開催された、「東洋のネルソン」と称えられた東郷平八郎元帥のための歓迎会に出席した。会場で撮影された集合写真では、シルクハットをかぶったグラバーは東郷元帥の真後ろに立ち、あたかも日本帝国海軍の「うしろだて」としての功績をアピールしているかのようだ。

叔父のアルフレッドが亡くなった後、倉場富三郎は一本松邸および同じ敷地内に今は存在しない「カゲマツ邸」と「マエマツ邸」と呼ばれる洋風別荘の管理責任を引き受けた。居住人から家賃を徴収する仕事も担い、経費の詳細について、東京にいる父トーマス・グラバーに英語で時折報告した[94]。明治二十八（1905）年九月二十七日付の手紙でつぎのように伝えている。

〈終始すばらしい旅路を終え二十八日午前八時に無事長崎へ戻りました。台風がやって来て一本松邸や他の建物も多少被害を受けましたが大したこともなくホッとしています。松の木は数本の枝の枯死が見られ、段々衰退していますので、残念ながら近々伐採しなければならないと思います〉

さらに、同年十月十九日付の手紙で、一本松邸ゆかりの松の木の伐採を業者に依頼し、工事は二、三日中に始まると父に報告した。

倉場富三郎は父親への手紙のコピーを保管したが、父親からの返答は残念ながら見当たらない。しかし手紙の内容から、二人が定期的なやり取りを続けており、グラバーは息子が専務を務めていたホーム・リンガー商会の子会社「汽船漁業」の運営につい

明治時代中頃のグラバー邸。増築された温室の屋根から老松が突きでている
（長崎歴史文化博物館蔵）

明治 38（1905）年 10 月、一本松邸の名のもとになった老松が
枯死のため切り倒された（長崎歴史文化博物館蔵）

てアドバイスを提供していたことが分かる。明治四十一（1908）年六月四日付けの手紙で、富三郎は父親に対して、汽船漁業の成功を喜びに満ちた様子で伝えている。

〈蒸気トロール船の深江丸は、予想以上に好調です。出費をこの夏場に回収できないと思っていましたが、回収できる見通しです。現在の一日当たり出費は約八十三円。これにたいして過去十六日の収益は平均して約百七円。つまり、一日当たりの差益は二十四円となります。この情報は、どうか他人に漏らさないでください。競合会社が出現しかねませんから。当社の船が海岸に接近するという不安についてはご心配無用です。私は近づかないように船長に指示していますが、いずれにしても多くの他の良い漁場がありますのでその必要はまったくありません〉

上記の手紙が発送された一カ月後、トーマス・グラバーは日本政府から外国人としては破格の勲二等旭日重光章を授かった。鎖国政策と封建制度の眠りから覚めて、二十世紀の繁栄する工業国へと移行する日本へのグラバーの貢献に対して、政府が与えた最高の栄誉であり、また最後の感謝のしるしであった。叙勲申請書草案を提出し

結婚後間もない頃の富三郎とワカ。トーマス・グラバーと（長崎歴史文化博物館蔵）

た旧友の伊藤博文と井上馨は、叙勲の理由についてつぎのように述べている。

〈要するにグラバが薩長二藩のために尽したる所は、即ち王政復古の大事業に向って貢献したるものなり。彼が英公使パークスに対して薩長二藩と親善の関係を開かんことを勧説したる大意に謂う、熟々《つくづく》日本の形能を察するに徳川幕府の威権日に衰え、大君に委任せられたる政権は将《まさ》に御門《みかど》に復帰せんとするの傾向あり、此大勢に乗じて事を成すの権力は西南の大名にあり、今や仏国は徳川氏をたすけてその覇権の鞏固を謀らんとするも、英国はよろしく薩長二藩に結びてその事業を幇助《ほうじょ》すべし云々と。これグラバ従来の自信なり。彼素より営利の商人なれども、その自信の方針を貫徹せんとせば、勢い営利の範囲を脱して誠意と熱心とを以て事に当らざるを得ず。この形跡は前記の事実に徴らして較然明著なりと謂うべし[95]〉

明治四十二（1909）年九月二十八日の手紙で、倉場富三郎はワカ夫人とともに一本松邸に引っ越す決心をしたことを父親に伝えている。手紙の内容から、トーマス・グラバーが以前から一本松邸に住むように富三郎に頼んでいただけでなく、グラバー自身もそこで一緒に暮らし、晩年を長崎で過ごしたいとの思いがあったことが読み取れる。手紙の一部をつぎに紹介する。

〈敬愛なる父上へ。先月二十日と今月六日付の二通のお手紙ありがとうございます。前者を読んで、ご希望通り

トーマス・グラバーが晩年に使用した名刺（著者所蔵）

勲二等旭日重光章を授与されたトーマス・グラバー。1908 年（著者所蔵）

一本松邸に住むことをようやく決心しました。現在私は、外壁の塗り替えと屋内電灯の取り付けを見積もり中です。塗り替えは二〇〇〜二五〇円がかかると思います。電灯の取り付けも同額でしょう。この二つの仕事は極めて必要だと考えており、あなたが直ぐ許可してくださることを確信しています。あなたのお部屋の壁紙をどうぞ選んでください。十巻（約八十フィート）は必要でしょう。他に壁の縁用として八巻（約六十五フィート）。それらの見本をお手元にお送りします。私とワカは真ん中の部屋を寝室として使用するつもりです〉

しかし、トーマス・グラバーが長崎に戻り、思い出深い一本松邸のベランダの椅子に座って半世紀以上も慣れ親しんだ港をゆっくり眺めたいという夢は叶わなかった。

グラバーの死と埋葬

晩年を迎えたトーマス・グラバーは引退することなく、毎日必ず三菱合資会社へ出社し、さまざまな公式行事や社会イベントに積極的に参加していた。明治四十四（1911）年一月、グラバーは旧友のアルバート・R・ブラウン（Albert R. Brown）

東京の友人たちと自動車に乗るトーマス・グラバー。日本に新しく紹介される文明の利器に晩年も興味を持ち続けた（R・ベネット氏提供）

に手紙を送った。元船長のブラウンは、三菱商会と日本郵船会社での勤務を経て、スコットランド・グラスゴーにおける三菱の代理人としての地位を確立していた。病気の友人を気遣うグラバーの温かい人柄とユーモアを感じさせるこの手紙の一部をつぎに紹介する。

〈1911年1月24日。

十二月三日付けの長いお手紙を受け取ったとき、私がどんなに大きな安堵を感じたかは想像できまい。（略）南部先生のお父さんは昨年八十八歳の誕生日を祝ったが五十歳代のように大変元気にしているので、あなたと私はまだまだ気を落とさなくても良いと、あなたに伝えてほしいと南部先生が言っています。私の家は町の中心から三マイル〔約五キロメートル〕も離れており、悲惨な道路の通行には人力車を使用していますし、今朝は雪が八インチ〔約二十センチ〕の深さでした。しかし、私はとても元気に過ごしており、オフィスへ毎日通勤しています。（略）テッド〔ブラウンの息子〕に後日お礼の手紙を送るつもりですが、スコッチウイスキー「スペシャル・ブレンド」の樽を小弥太男爵〔岩崎小弥太、後の三菱第四代目社長〕へ送ってくれたことに感謝している旨、どうぞお伝えください。（略）マントルピースにあなたの立派な写真を飾っており、毎朝オフィスに入ってくる際にお辞儀をしています。あなたより私の方が何本か髪の毛がまだ残っているようです。優しい奥様にもくれぐれもよろしくお伝えください。ご多幸とご健勝を心からお祈りします。あなたの誠実な古い友達、トーマス・B・グラバーより。

追伸　私が先日オーストラリアを訪れた時、あるホテルのロビーにてビジネスマンへの通知が掲示されていました。それは、「ウイスキーの飲酒があなたのビ

ジネスを妨げるようになれば、すぐにビジネスをやめなさい」と書いてありました。テッド君への伝言よろしく[96]〉

軽快なジョークで手紙を書き終えたが、グラバーも病魔に冒され、ブラウン船長より先に亡くなる運命だった。

慢性腎炎の発作に襲われたグラバーは、同年十二月十六日の午前中、富士見町の屋敷でベッドについており、病状も快方に向かっているように思えた。一時ごろ寝室に昼食が用意され、グラバーは起き上がって、料理が並べられた小さなテーブルについた。スープを飲み干したその時だった。突然倒れ、数分後に使用人に発見されたときはすでに息を引きとっていた。そのとき七十三歳だった彼は、うち五十二年間を日本で過ごしていた。

しめやかな葬儀が東京築地の三一教会で執りおこなわれ、息子倉場富三郎、娘ハナとその夫ベネット氏、数十名の政府高官、実業界のリーダーたち、また各国大使など、二百名以上の会葬者が参列した。遺骨はその後長崎へ戻され、坂本国際墓地に埋葬された。

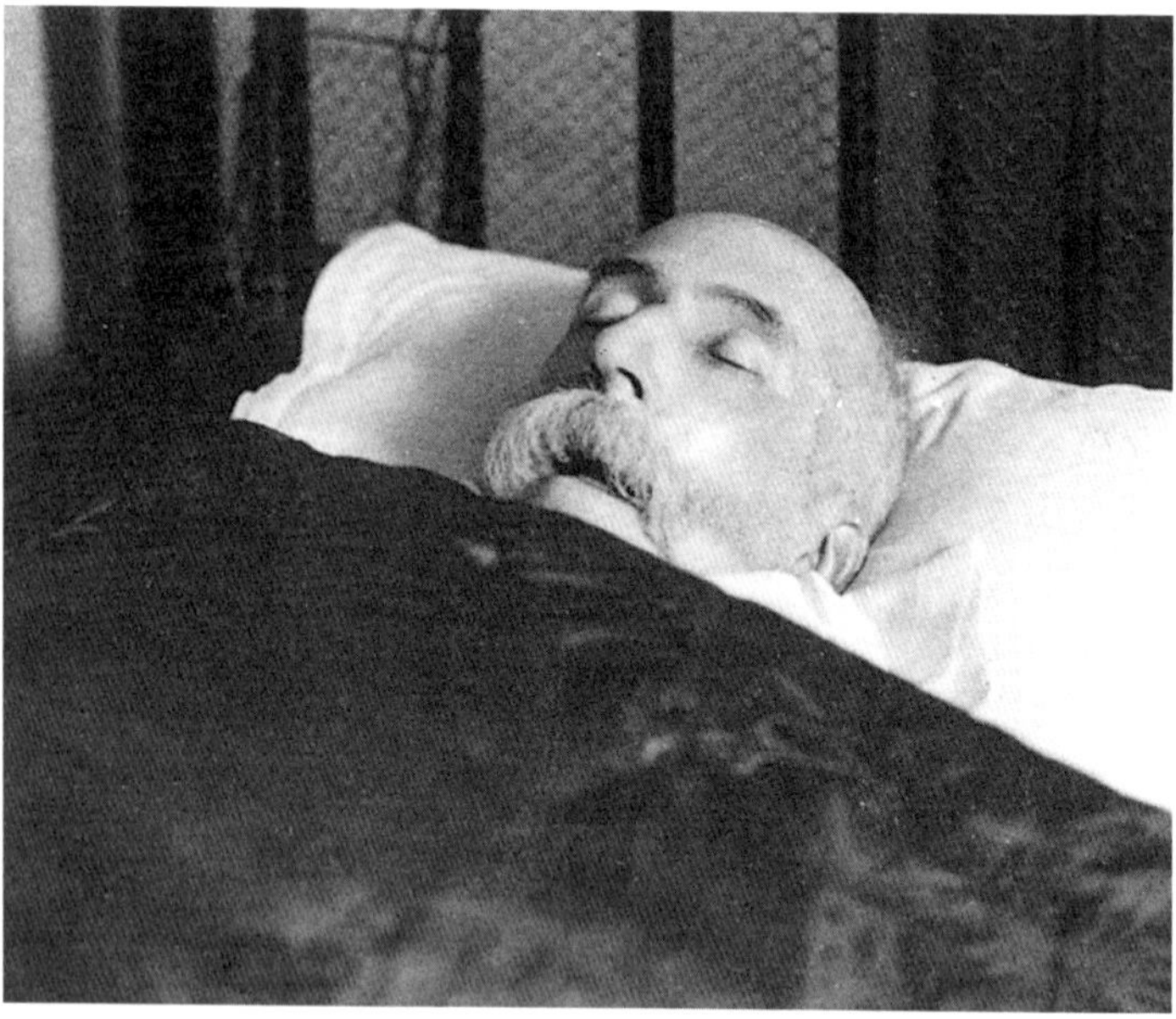

眠るが如く（長崎歴史文化博物館蔵）

明治四十四（1911）年十二月二十九日長崎でも葬儀が執り行われ、その模様が翌日の英字新聞につぎのように伝えられている。

〈長崎市民は昨日、故T・B・グラバー氏に対して最後の別れを惜しんだ。生前グラバー氏は、長崎居留地創設者の一人として、長年にわたって居留民たちの先導者的立場にあった。遺骨は木曜日に東京から長崎へ着き、葬儀が昨日午前十時三十分から、故人によってほぼ半世紀前に建てら

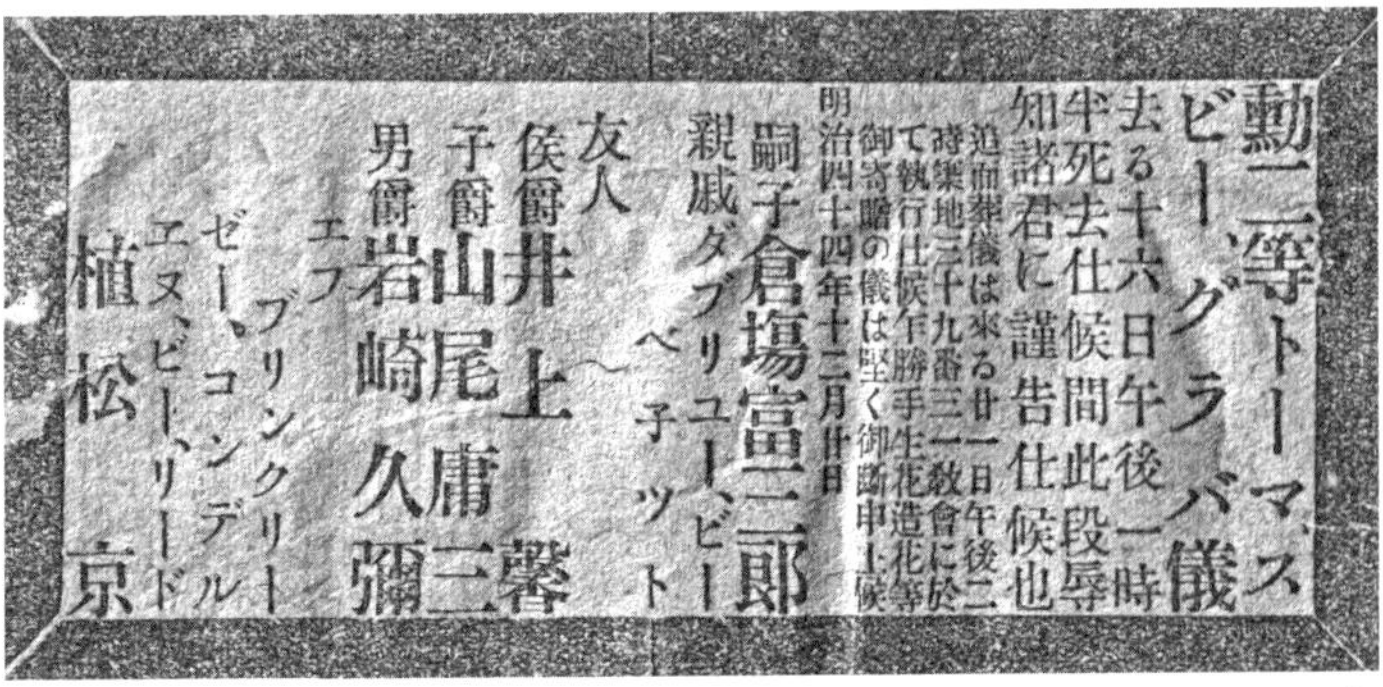

勲二等トーマス、ビーグラバ儀
去る十六日午後一時半死去仕候間此段辱知諸君に謹告仕候也
追而葬儀は来る廿一日午後二時築地三十九番三一教會に於て執行仕候乍勝手生花造花等御寄贈の儀は堅く御斷申上候
明治四十四年十二月廿日
嗣子 倉場富三郎
親戚 ダブリユー、ビー ベ子ット
友人 侯爵 井上 馨
子爵 山尾庸三
男爵 岩崎久彌
エフ ブリンクリー
ゼー、コンデル
エヌ、ビー、リード
植松 京

トーマス・グラバーは1911（明治44）年12月16日、腎臓病により死去。享年73。倉場富三郎は、東京聖三一教会における父親の葬儀について黒枠広告を各新聞に出した。井上馨（元外務大臣）、山尾庸三（工業立国の父）、岩崎久弥（第3代目三菱社長）、ジョサイア・コンドル（工部大学校建築学教授）など、明治の巨星たちが友人として名を連ねた（『時事新聞』明治44年12月20日号より）

れ、港を一望にする住まいとして長年使用された一本松の私邸で執り行われた。非常に多くの人たちが集まったが、告別式が行われた部屋にはごく一部の人たちしか収容できなかった。喪主および親族として立ちふるまったのはT・A・グラバー夫妻（長男とその夫人）と、仁川から駆けつけた長女のW・G・ベネット夫人。ハッチンソン副司教が英国教会の式次第にのっとって葬儀を執り行い、美しい花輪と十字架ですっぽりおおわれた柩が、一本松邸から浦上の墓地へ運ばれた。葬列が居留地を通過するとき、イギリス領事館は半旗を掲げると同時に、あらゆる方法で弔意を表わした。天皇から故人に授与された勲章が、柩の前の台ぶとんの上に載せられ葬列を先導。墓地ではハッチンソン副司教が、

故人の魂を神にゆだねる祈りを唱えた。非常に多くの供花が飾られ、贈られた如来幡（幟）も数えきれないほどであった〈97〉

長崎県知事と三菱造船所およびホーム・リンガー商会の重役たちが棺側の付き添い人を務めた。また長崎市長、市役所上層部の人たち、多数の著名な日本人商人、外国人の旧友、さらに仕事仲間の姿が、墓地までの長い葬列に参加した大勢の人々の中に見られた。グラバーの死と生前の功績を伝える死亡記事は、東アジア中の新聞に掲載された。

その後、ツルの遺骨の一部が大平寺の墓から坂本国際墓地へ分骨された。夫妻の名前を刻んだ大きな長方形の石碑が墓の上に建てられ、その周囲には鉄製のさくがめぐらされた。

墓地のもっとも高い所に位置する二人の石碑から眺めると、安政六（1859）年、長崎に渡来したグラバーを迎え、彼の生涯だけでなく日本の歴史においても重要な役割を果たした長崎港が、遠く一望のもとに収められる。

グラバーが世を去る八年前の明治三十六（1903）年一月、編集長あての短い手

長崎坂本国際墓地でのグラバーの埋葬（長崎歴史文化博物館蔵）

埋葬後間もないころのトーマス・グラバーの墓。（長崎歴史文化博物館蔵）

紙が、英字新聞『ナガサキ・プレス』に掲載された。以前、同紙が特集した灯台に関する学術的記事に対して寄せられた匿名の投書であった。つぎに示すその内容は、経済大国となった現在の日本の国民に訴えかけているように思えてならない。

〈編集長殿

「古代の灯台」に関する記事を興味深く読ませて頂くうちにふと思いついたのですが、誰が日本最初の近代式灯台をつくったのかを、現在果たして何人の人が言えるでしょうか。日本最初の灯台は、薩摩大隅半島の最南端にある佐多岬に、T・B・グラバーの指示で技師T・ウォーターズによってつくられたのです。その後しばらくして、「横須賀製鉄所」を建設したフランス人技師たちの手によって観音崎灯台が完成しました。以来日本は、灯台建設のみならず全ての分野で長足の、いや未曾有の進歩を遂げたのです。この国の真の歴史を述べようとするなら、世界有数の国家となった日本に対する、グラバー氏の測り知れない貢献を避けて通ることは出来ないでしょう。まずはお手数ながらよろしく。

一居留民より〉

（了）

あとがき

トーマス・グラバーの死後、倉場富三郎は長崎の財産を相続し、ワカ夫人とともに南山手三番地の自宅「一本松邸」に住みつづけた。彼はホーム・リンガー商会の幹部として活躍する一方、長崎内外倶楽部の中心メンバー、長崎ゴルフ倶楽部会長、地元経済界のリーダーたちが参加する「崎友会」会員など、故郷長崎の発展と国際理解の促進に尽力した。日本人と外国人の友達は彼を、それぞれ「富さん」と「トミー」で呼んでいた。

しかし、倉場富三郎の努力とは裏腹に、日本の軍備拡大が長崎に暗い影を落としていった。昭和十四（1939）年、倉場富三郎は三菱長崎造船所に自宅を売り渡し、幕末からつづくグラバー家と南山手の有名な邸宅との関係を突然に解消した。ワカ夫人が太平洋戦争中に他界すると、富三郎は天涯孤独となり、終戦直後に自宅で自らの命を絶った[98]。

倉場富三郎の自殺から一カ月も経たないうちに、連合国の進駐軍は長崎に上陸して旧グラバー住宅やその他の洋風建築を将校用住宅として接収した。独特な建築スタイルと長崎港を一望できることに魅了されたアメリカ人たちは、旧グラバー住宅に「マダム・バタフライ・ハウス」（蝶々夫人の家）という愛称をつけた。長崎はジャコモ・プッチーニによる有名なオペラの舞台であるということ以外、彼らは長崎の歴史や同住宅の来歴について無知であり、「グラバー」の名前さえも知らなかったことだろう。いうまでもなく、トーマス・グラバーも倉場富三郎も、オペラ『マダム・バタフライ』とは一切関係がない。

しかし、はじめは遊びに過ぎなかった名称が、やがて日本人の注目を集め、「蝶々夫人の家」はいまだに復興ならぬ被爆地に観光客を誘って経済を立て直すきっかけとなった。毎日新聞の取材を受けた郷土史家、島内八郎は、旧グラバー住宅に蝶々夫人の記念碑を設置する計画が持ち上がっていることを明らかにした[99]。この時点から、旧グラバー住宅の紹介の仕方には史実より「ロマン」が重視されるようになった。

進駐軍が去った後、旧グラバー住宅は三菱長崎造船所の手に戻った。三菱はこの邸宅を従業員のレクリエーション施設として使うことを考えていたが、「蝶々夫人の家」を一目見ようとする観光客の数はそれからも増える一方であった。本や雑誌、パンフレットなどがこの現象を取りあげたが、スコットランド人事業家、トーマス・グラバーの旧宅としてではなく、「蝶々夫人の家」または「蝶々夫人ゆかりの地」として紹介した。歴史的根拠に乏しいものの、これは人々の興味を誘い、観光産業を刺激して戦後長崎の回復を後押しすることになった。

昭和三十二（1957）年、三菱重工は、長崎造船所の前身である長崎溶鉄所の百周年記念として、旧グラバー住宅を長崎市に寄贈したが、「蝶々夫人ゆかりの地」の名称は広く使われつづけた。同三十六（1961）年六月、日本政府は旧グラバー住宅を重要文化財に指定したが、主な趣

旨は日本における最初の木造洋風住宅という建築学的価値に対する評価である。旧長崎居留地の歴史とその住民たちの業績やライフストーリーのほとんどは、「蝶々夫人」の陰に隠れたままであった。文化財の規定では、所有者の長崎市が建物を物理的に保護さえすれば、その活用方法や展示内容は自由に決めることができた。

旧グラバー住宅の各部屋には、欧米人の暮らしについて十分な知識がないまま、憶測で名前がつけられた。もっとも著名な一例はいわゆる「隠し部屋」である。実際、トーマス・グラバーが自宅において幕末の志士たちを接待したという

戦後の絵はがきに見る旧グラバー住宅（著者蔵）

記録も写真もない。ましてや、付属屋廊下の天井から入る屋根裏倉庫に来客を隠したという根拠はどこにも見当たらない。気まぐれな推測に過ぎなかったが、「隠し部屋」は広く噂される都市伝説になって現在に至る。

戦後、松が枝町から観光施設「グラバー園」へ移設された「フリーメイソン・ロッジの門柱」もトーマス・グラバーに対する誤解を招いている。長崎におけるフリーメイソンの歴史は、明治十七（1884）年の三菱長崎造船所の発足から始まる。三菱に雇われて来崎した数名のイギリス人技師が、当地におけるロッジの創設を目指して準備を進めた。中心グループの他に長崎在住の外国人たち数名も加わり、エジンバラにあるスコットランド・グランド・ロッジ（本部）に地方ロッジ創設の請願書を送った。その結果、「ナガサキ・ロッジ710号」が翌年二月に正式に発足した。その後、集会所は下り松（松が枝町）四十七番地の英字新聞印刷所の二階に移され、フリーメイソンの定規とコンパスの印を刻んだ門柱が敷地の入り口に設置された。同ロッジは大正六（1917）年に停止状態になったが、旧印刷所の建物と門柱は戦後まで存続した。その後、門柱だけが保存のために旧グラバー住宅近くの南山手に移されたが、元々どこにあったかは次第に忘れられ、移設の事実そのものが曖昧になった。

門柱を見る多くの観光客は、トーマス・グラバーがフリーメイソンに入会していたという誤ったイメージを抱くようになった。この見解を紹介する記述も新聞や雑誌に掲載され、グラバーが世界制覇を狙う秘密結社フリーメイソンの思想を坂本龍馬らに伝えたという奇説にまで発展した。『石の扉』の著者、加治将一氏は、「私が長崎に行って、頭を一発殴られたというのは、グラバー邸の門に大きく飾られたフリーメイソンのマークでした」と述べている[100]。加治氏が松が枝町から移設されたフリーメイソン・ロッジの門柱を「グラバー邸の門」と勘違いしているのは明らか。

実際、スコットランド・グランド・ロッジに現在も保管されているナガサキ・ロッジ710号の名簿にも、横浜や神戸の関連資料にも、トーマス・グラバーの名前はない。なお、彼が例会やその他のフリーメイソン行事に参加したり、定規とコンパスの印を使ったりしたという記録はどこにも見当たらない。

グラバー園が誕生した昭和四十九（1974）年ごろから、トーマス・グラバーの生涯と業績に関する本格的な学術研究がようやく始まり、重藤威夫著の『長崎居留地と外国商人』や杉山伸也著の『明治維新とイギリス商人―トーマス・グラバーの生涯』など、史実を重視した著作が世に送られた。しかし、グラバー園ではその研究成果は反映されず、「隠し部屋」や「フリーメイソン」など、誤った情報が依然として発信されていた。

平成二十七（2015）年、旧グラバー住宅を含む二十三の構成施設からなる「明治日本の産業革命遺産　製鉄・製鋼、造船、石炭産業」の世界遺産登録が決定した。「産業施設」とは言えない旧グラバー住宅がリストに加わった理由については、日本最古の洋風建築であるとともに、この建物を自宅として建てたトーマス・グラバーが炭坑や造船など、近代産業の日本への導入に深く関わったことが挙げられる。しかし奇妙なことに、ユネスコに登録されている構成施設の正式名称には日本語と英語で違いがある。日本語では「旧グラバー住宅」だが、英語では「Former Glover House and Office」、つまり「旧グラバー住宅と事務所」となっている。この不一致について、世界遺産登録の推進役を務めた政府代表は、グラバー商会の事務所が大浦海岸通りに所在していたこと、また旧グラバー住宅が事務所として使われた証拠がないことを認めたものの、「住宅だけでは、明治日本産業革命遺産との関連性がないので世界遺産登録が難しい」と述べた。つまり、世界遺産という勲章の取得が優先され、歴史的事実の掘り起こしと読み解きが適当なところで切り上げられていた。

世界遺産登録により、旧グラバー住宅は新たな注目を浴びたが、これは真の歴史を明らかにする妨げになりかねない。今後、貴重な歴史遺産の保存活用はもとより、旧グラバー住宅の来歴と、日本の近代化に多大な貢献をしたトーマス・グラバーや倉場富三郎に関するさらなる調査研究の成果を期待してやまない。

ブライアン・バークガフニ
令和二年四月、飛鶴庵にて

謝辞

本著の執筆にあたり、杉山伸也氏、アレキサンダー・マッケイ氏、内藤初穂氏および水田丞氏が発表されているトーマス・グラバーに関する開明的な研究を参考にさせていただきました。心から感謝申し上げます。長年にわたり小生の調査研究と史料収集に協力してくださったグラバー家の子孫と関係者の皆さまにも厚く感謝申し上げます。

トーマス・グラバー年表

西暦	年齢（満）	グラバーに関係する出来事
1838	0	6月6日、スコットランド・フレーザバラで生まれる
1859	21	前年の安政五カ国条約締結に伴い長崎開港。グラバー来崎。当時21歳
1862	24	グラバー商会設立
1863	25	南山手3番地にグラバーの自宅「一本松邸」竣工
1865	27	大浦海岸通りに小型蒸気機関車を試運転
1866	28	奄美大島の白糖製造工場が創業を開始
1867	29	グラバー商会が再編成され、グラバーは工業技術の導入に専念 鹿児島紡績所が創業を開始。グラバー一時帰国
1868	30	旧香港造幣局機材一式の購入を仲介。1871年、大阪造幣局開局
1869	31	小菅修船場と高島炭坑が創業を開始
1870	32	グラバー商会倒産。長男・新三郎（後の富三郎）誕生。母は加賀マキ
1872	34	グラバーの恩人K・R・マッケンジーは一本松邸にて死去。享年72
1876	38	長女・ハナ誕生。母はグラバーの内縁の妻・淡路屋ツル
1881	43	高島炭坑が後藤象二郎から岩崎弥太郎の手に渡り、グラバーは三菱の顧問に 駐長崎ポルトガル領事に任命される
1882	44	弟共々米国へ渡り、翌年帰崎

1884	46	三菱長崎造船所が誕生。長男・新三郎（富三郎）が学習院に入学 東京芝公園に別邸の借地権を取得
1885	47	ジャパン・ブルワリー・カンパニー誕生
1888	50	キリンビールが市場に出される
1892	54	長男・富三郎が長崎のホーム・リンガー商会に入社
1893	55	芝公園の別邸が焼失 グラバー夫妻、長女・ハナ、養女・ワカ（旧姓中野）が長崎へ一時移住 妹・マーサ長崎に永住
1894	56	長男が「倉場富三郎」として日本国籍を取得
1896	58	前イギリス海軍大臣スペンサー伯爵を長崎にて接待
1897	59	長女・ハナが結婚、仁川（朝鮮）へ移住。グラバー夫妻は東京へ戻る
1899	61	妻・ツルが東京にて死去。享年48。倉場富三郎とワカが長崎にて結婚
1903	65	妹・マーサ死去。享年61
1904	66	弟・アルフレッド死去。享年54。東京富士見町の新宅に移住
1905	67	一本松邸の老松が枯れて切り倒される
1908	70	日本政府から勲二等旭日重光章を授かる
1911	73	東京にて死去（12月16日）。享年73 葬儀は東京と長崎で執り行われ、遺骨は長崎の坂本国際墓地に葬られる

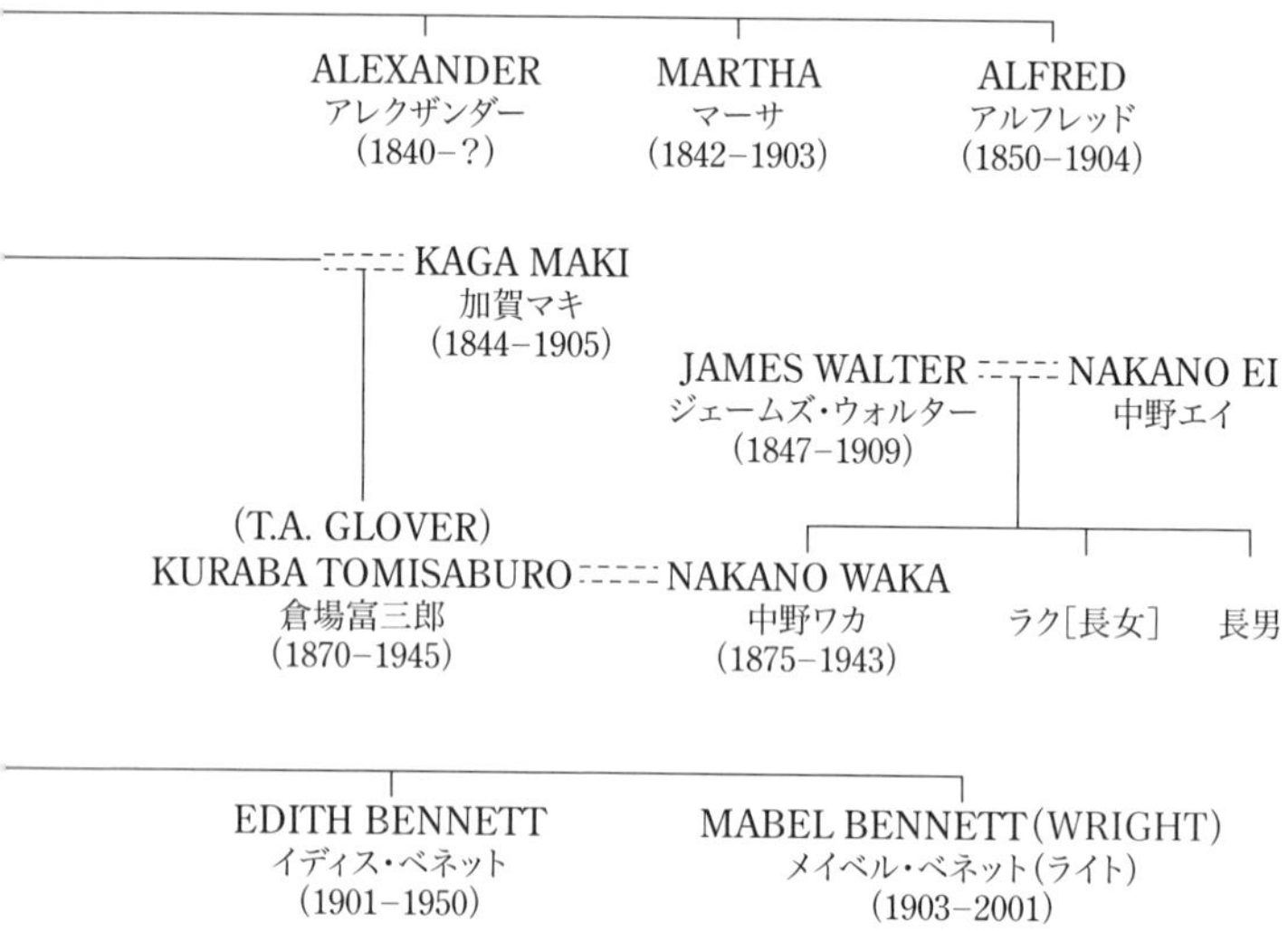
ALEXANDER
アレクザンダー
(1840–?)
MARTHA
マーサ
(1842–1903)
ALFRED
アルフレッド
(1850–1904)
KAGA MAKI
加賀マキ
(1844–1905)
JAMES WALTER
ジェームズ・ウォルター
(1847–1909)
NAKANO EI
中野エイ
(T.A. GLOVER)
KURABA TOMISABURO
倉場富三郎
(1870–1945)
NAKANO WAKA
中野ワカ
(1875–1943)
ラク[長女]
長男
EDITH BENNETT
イディス・ベネット
(1901–1950)
MABEL BENNETT(WRIGHT)
メイベル・ベネット(ライト)
(1903–2001)

グラバー家系図

THOMAS BERRY GLOVER ----- MARY FINDLAY
トーマス・ベリー・グラバー (1800–1878)
メアリー・フィンドレー (1807–1887)

CHARLES
チャールズ
(1830–1877)

WILLIAM
ウィリアム
(1832–?)

JAMES
ジェームズ
(1833–1867)

HENRY
ヘンリー
(1836–1837)

THOMAS BLAKE GLOVER ----- AWAJIYA TSURU
トーマス・ブレイク・グラバー (1838–1911)
淡路屋ツル (1848–1899)

HANA GLOVER ----- WALTER BENNETT
ハナ・グラバー (1876–1938)
ウォルター・ベネット (1868–1944)

THOMAS BENNETT ---- ANNIS QUAYLE
トーマス・ベネット (1897–1984)
アニス・クエール (1899–1982)

HERBERT BENNETT
ハーバート・ベネット
(1899–1983)

RONALD BENNETT ---- SIGNE BOSSON
ロナルド・ベネット (1931–　)
シグネ・ボッソン (1931–1973)

RANDAL BENNETT
ランダル・ベネット
(1956–　)

DAVID BENNETT ---- CYNTHIA COTTLE
ディビット・ベネット (1958–　)
シンシア・カットル (1960–　)

CYRUS GLOVER BENNETT
サイラス・グラバー・ベネット
(1988–　)

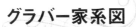

注釈

1 C.W. Thomson, *Scotland's Work and Worth* (Oliphant, Anderson and Ferrier, 1909). 日本語訳は、北政巳著『スコットランド・ルネッサンスと大英帝国の繁栄』（藤原書店、２００３年）、頁２５６

2 G. Donaldson, *The Scots Overseas* (Robert Hale, 1966). 日本語訳は、北政巳著『スコットランド・ルネッサンスと大英帝国の繁栄』（藤原書店、２００３年）、頁２５６

3 杉山伸也著『明治維新とイギリス商人〜トーマス・グラバーの生涯』（岩波新書、１９９３年）、頁45

4 FO 17/290（イギリス外務関係資料）、筆者邦訳（以下同じ）

5 東京大学史料編纂所編纂『大日本古文書―幕末外国関係文書之20』、東京大学出版会、１９７２年、頁７９１〜８１０

6 英字新聞『ノース・チャイナ・ヘラルド』、１８５９年１月15日号

7 FO 262/19/61（長崎イギリス領事館資料）

8 FO 262/173/153（長崎イギリス領事館資料）

9 ロバート・フォーチュン著（三宅馨訳）、『幕末日本探訪記―江戸と北京』（講談社、１９９７年）、頁27

10 英字新聞『ナガサキ・エクスプレス』、１８７３年11月８日号、平幸雪氏邦訳

11 FO 796/203（長崎イギリス領事館資料）

12 ジャーディン・マセソン商会資料（ケインブリッジ大学蔵）

13 英字新聞『ジャパン・ヘラルド』、１８６２年２月１日号

14 FO 262/18/70（長崎イギリス領事館資料）

15 FO 262/29/42（長崎イギリス領事館資料）

16 FO 262/46/50（１８６３年２月18日の報告書、長崎イギリス領事館資料）

17 １８６０年２月３日付けの手紙で、オルトは長崎に移り住んだこと、そして商人として独立したことを初めて母親

に告げている。（W・J・オルト書簡、長崎歴史文化博物館蔵）
18 エリサベス・オルト回想録（イギリスの子孫蔵）
19 ジャーディン・マセソン商会資料（ケインブリッジ大学蔵）
20 英字新聞『ジャパン・ウィークリー・メール』、1870年4月30日号
21 アレキサンダー・マッケイ著（平岡緑訳）、『トーマス・グラバー伝』（中央公論社、1997年）、頁50～51
22 杉山、頁86～90
23 FO 262/29/90~98（長崎イギリス領事館資料）
24 北野典夫著『海鳴りの果てに—天草海外発展史（前編）』（みくに社、1981年）、頁184～189
25 "Thomas Glover: Pioneer of Anglo-Japanese Commerce"英字新聞『ナガサキ・プレス』、1918年2月21日号に転載
26 FO 262/31（長崎イギリス領事館資料）
27 FO/262/60/85（長崎イギリス領事館資料）
28 アーネスト・サトウ著（坂田精一訳）『一外交官の見た明治維新 上』（岩波書店、1960年）、頁20
29 FO 262/60/28~29（長崎イギリス領事館資料）
30 "Statement of Mr. Glover. 12 July 1863"FO 262/60/144（長崎イギリス領事館資料）
31 英字新聞『ジャパン・タイムズ』、1866年2月17日号。この件に関する多くの記述では、蒸気機関車は「アイアン・デューク」と名付けられていたとされるが、この主張を裏付ける証拠は当新聞記事やその他の第一次資料には見当たらない。
32 英字新聞『ナガサキ・プレス』、1918年6月11日号
33 英字新聞『ジャパン・タイムズ』、1865年11月10日号
34 FO 796/27（長崎イギリス領事館資料）。イギリス政府は、明治元（1868）年に土地と建物を購入するまで、グラバー商会に対して東山手9番地の借地料を支払い続けた。
35 英字新聞『ナガサキ・プレス』、1911年12月30日号、平幸雪氏邦訳
36 桃節山著、桃裕行編、『西遊日記・肥後見聞録—桃節山歿後百年記念』（1976年）、頁29

37 長崎市（編）、『重要文化財旧グラバー住宅修理工事報告書』（長崎市、１９６８年）、頁63～69
38 PRO 30/33/15/1（イギリス外務関係資料）
39 FO 262/173/127-8（長崎イギリス領事館資料）
40 英字新聞『ナガサキ・タイムズ』、１８６８年11月?日号
41 Meg Vivers, *An Irish Engineer: the extraordinary achievements of Thomas J Waters and family in early Meiji Japan and beyond*, (Copyright Publishing, 2013)
42 水田丞著、『幕末明治初期の洋式産業施設とグラバー商会』（九州大学出版会、２０１７年）、頁49～86
43 ジャーディン・マセソン商会資料（ケインブリッジ大学蔵）、水田丞氏邦訳
44 英字新聞『ナガサキ・タイムズ』、１８６９年1月23日号
45 『造幣局の歩み』（https://www.mint.go.jp）
46 ジョセフ・ヒコ著（中川努、山口修訳）『アメリカ彦蔵自伝Ⅱ』（平凡社、１９６４年）、頁１５９～１６０
47 水田、頁１６８
48 英字新聞『ナガサキ・エクスプレス』、１８７１年4月15日号、平幸雪氏邦訳
49 英字新聞『ナガサキ・タイムズ』、１８６９年1月30日号
50 ジョセフ・ヒコ、頁１５８～１５９
51 ジョセフ・ヒコ、頁１６１
52 『イラストレーテド・ロンドン・ニュース』、１８５５年1月13日号
53 C. Pemberton Hodgson, *A Residence at Nagasaki and Hakodate in 1859-1860* (London: Richard Bentley, 1861), pp. 32-33
54 ジョセフ・ヒコ、頁１０８～１１０
55 杉山、頁１７９～１８０
56 オランダ貿易会社資料（杉山、頁１８３～１８６）
57 英字新聞『ナガサキ・シッピング・リスト』、１８７０年9月21日号
58 アレキサンダー・マッケイ、頁１８９
59 杉山、頁１９０～１９２

60 古賀十二郎著、『丸山遊女と唐紅毛人（後編）』（長崎文献社、1968年）、頁216～217
61 FO 796/237/2（長崎イギリス領事館資料）
62 長崎県立長崎図書館（編）、『郷土史料叢書〔三〕「幕末・明治期における長崎居留地外国人名簿Ⅱ」』（2004年）、頁146
63 『長崎日々新聞』、昭和24年10月2日号
64 野田平之助著、『グラバー夫人』（新波書房、1972年）、頁7～8
65 FO 262/214/76（長崎イギリス領事館資料）
66 FO 262/52/307～314（長崎イギリス領事館資料）
67 英字新聞『ナガサキ・エクスプレス』、1873年12月6日号
68 『工部省沿革報告』
69 英字新聞『ナガサキ・エクスプレス』、1870年5月7日号
70 『来翰』（明治期に各国領事から長崎県へあてた書簡、長崎歴史文化博物館蔵）
71 FO 796/203（長崎イギリス領事館資料）
72 ブライアン・バークガフニ著、『リンガー家秘録』（長崎文献社、2014年）、頁65～69
73 英字新聞『ライジング・サン・アンド・ナガサキ・エクスプレス』、1879年2月15日号
74 英字新聞『ライジング・サン・アンド・ナガサキ・エクスプレス』、1881年4月9日号
75 前川雅夫編『炭坑史―長崎県石炭史年表』（葦書房、1990年）、頁65～66
76 英字新聞『ライジング・サン・アンド・ナガサキ・エクスプレス』、1881年2月12日号、平幸雪氏邦訳
77 FO 796/84/187～188（長崎イギリス領事館資料）
78 内藤初穂著、『明治建国の西商―トーマス・B・グラバー始末』（アテネ書房、2001年）、頁425
79 英字新聞『ライジング・サン・アンド・ナガサキ・エクスプレス』、1882年7月29日号、平幸雪氏邦訳
80 英字新聞『ライジング・サン・アンド・ナガサキ・エクスプレス』、1884年7月5日号、平幸雪氏邦訳
81 内藤、頁384～386
82 英字新聞『ライジング・サン・アンド・ナガサキ・エクスプレス』、1887年3月2日号

83 Hendrik Doeff, *Recollections of Japan* (Trans. Annick Doeff, Trafford, 2003), p. 111
84 三菱経済研究所史料館蔵
85 『外国人雇人明細鑑』（外務省外交史料館蔵）
86 英字新聞『ジャパン・ウィークリー・メール』（1888年3月7日号の『ライジング・サン・アンド・ナガサキ・エクスプレス』に転載）
87 内藤、頁544
88 内藤、頁414～416
89 英字新聞『ライジング・サン・アンド・ナガサキ・エクスプレス』1893年12月27日号
90 著者所蔵、平幸雪氏邦訳
91 ブライアン・バークガフニ著、「最近発見されたアーネスト・サトウ書簡の内容と歴史的意義について」（長崎総合科学大学地域科学研究所紀要『地域論叢』17号、1999年）
92 静嘉堂文庫
93 英字新聞『ナガサキ・プレス』、1904年6月8日号
94 これらの手紙は『Private Letters』として長崎歴史文化博物館に保管されている
95 杉山、頁203～204
96 Lewis Bush, *The Illustrious Captain Brown* (The Voyagers' Press Ltd., 1969), p. 100-101
97 英字新聞『ナガサキ・プレス』1911年12月30日号、平幸雪氏邦訳
98 ブライアン・バークガフニ著、『写真でたどる旧グラバー住宅の歴史』（フライング・クレイン・プレス、2020年）、頁32～44
99 柳本見一著、『激動二十年―長崎県の戦後史』（毎日新聞社、1965年）、頁172
100 加治将一著、『石の扉―フリーメイソンで読み解く世界』（新潮文庫、2006年）、頁140

著者略歴

ブライアン・バークガフニ（Brian Burke-Gaffney）

1950年カナダ・ウィニペグ市で生まれる。1972年来日。1973年から1982年まで、京都の妙心寺専門道場等において禅の修行を積む。1982年、長崎市に移住。1985年長崎市嘱託職員に就任。1992年外国人として初めて長崎県民表彰受賞。1996年長崎総合科学大学教授に就任。2007年博士号（学術）取得。2016年「2016年度長崎新聞文化賞」受賞。現在、長崎総合科学大学教授、グラバー園名誉園長。『華の長崎』（2005年、長崎文献社）、『霧笛の長崎居留地：ウォーカー兄弟と海運日本の黎明』（2006年、長崎新聞社）、『リンガー家秘録』（2014年、長崎文献社）など著書多数。

長崎偉人伝

トーマス・B・グラバー

発行日	2020年8月11日　初版第1刷
著者	ブライアン・バークガフニ（Brian Burke-Gaffney）
発行人	片山　仁志
編集人	堀　憲昭
発行所	株式会社 長崎文献社 〒850-0057　長崎市大黒町3-1　長崎交通産業ビル5階 TEL095-823-5247　ファックス095-823-5252 HP:http://www.e-bunken.com
印刷・製本	株式会社 インテックス

ISBN978-4-88851-349-4　C0023